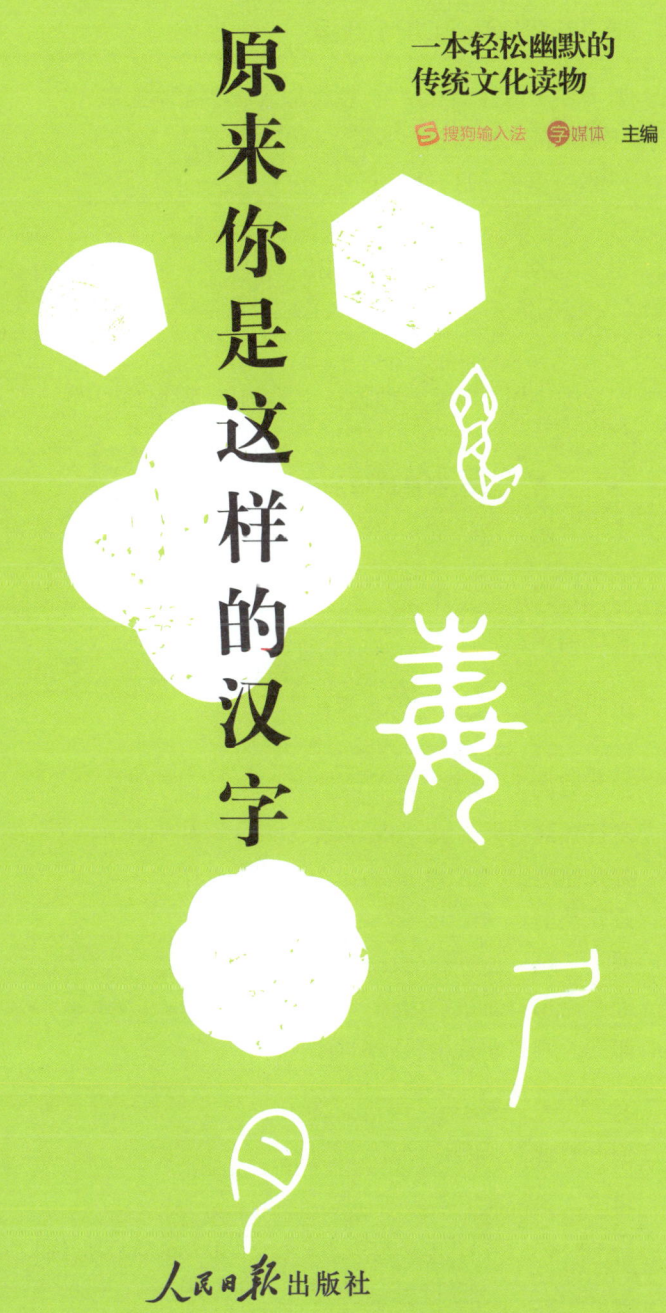

原来你是这样的汉字

一本轻松幽默的
传统文化读物

搜狗输入法　字媒体　主编

人民日报出版社

图书在版编目（CIP）数据

原来你是这样的汉字 / 搜狗输入法字媒体主编．
—北京：人民日报出版社，2017.6
ISBN 978-7-5115-4728-6

Ⅰ．①原… Ⅱ．①搜… Ⅲ．①汉字—通俗读物 Ⅳ．
① H12-49

中国版本图书馆 CIP 数据核字（2017）第 141402 号

书　　　名：	原来你是这样的汉字
主　　　编：	搜狗输入法字媒体
出 版 人：	董　伟
责任编辑：	谢广灼
出版发行：	人民日报出版社
社　　　址：	北京金台西路 2 号
邮政编码：	100733
发行热线：	（010）65369527　65369846　65369509　65369510
邮购热线：	（010）65369530　65363527
编辑热线：	（010）65369533
网　　　址：	www.peopledailypress.com
经　　　销：	新华书店
印　　　刷：	北京中科印刷有限公司
开　　　本：	880mm×1230mm　1/32
字　　　数：	156 千字
印　　　张：	7.5
印　　　次：	2017 年 8 月第 1 版　2017 年 8 月第 1 次印刷
书　　　号：	ISBN 978-7-5115-4728-6
定　　　价：	36.00 元

序

已识乾坤大,犹怜草木青

搜狗公司 CEO 王小川

  2017 年的夏天过去了一半,围棋界的人机大战再次将"理性 vs 人性"的命题推向全民热议的高潮。几乎没有人再怀疑,人工智能这项"黑科技"将像历史上的蒸汽机、电力、信息技术一样改变我们的生活,同时重塑我们与万物的交流方式。

  科技的进步驱动着社会的发展,往往也为一个时期的人文思潮揭开新的序幕。过去十年,被互联网极大程度改变的中国显然也经历着一场"新文化运动",人们的思维方式更加丰富,沟通形态更加自由,新兴的互联网语言冲击着传统的表达方式,也激起公众对现代语境之下的传统文化与价值观的重新思考。

  一个时代的公众,有一个时代的声音。从远古先民的甲骨占卜,到如今每日刷屏的网红新词,"汉字"作为一项从未间断的文字形式,承载着几千年来中国社会的进步历程与中国人的生命情感。在输入法代替了笔墨、屏幕代替了纸张的今天,我们的交流做到了前所未有的迅捷,但在另一方面,对键盘背后的我们这个时代的汉语言文化,却缺乏足够的关注度与之匹配。

过去的十一年，搜狗输入法与五亿用户一起，见证和参与了互联网时代中国新语言的巨变。我们希望用最前沿的技术不断解放和丰富中国人的日常表达，同时通过对海量数据的整合分析，发现互联网语言的文化新价值，承担推进汉字文化发展和变革的历史使命。我们有信心去连接美好的未来，更有责任去延续伟大的传统。

自去年开始，搜狗输入法从内容维度做出尝试，推出了"字媒体"内容平台，专注于解读和挖掘汉语言文化的魅力，并组建文化联盟，联动学术界、文化传媒界的力量，引领互联网时代全民关注汉字的热潮。我们希望通过这样的尝试，帮助用户在快捷输入、自由交流的同时，更深入地了解自己正在使用的语言，了解文字背后的故事，并且让这个了解的过程自然、便捷、有趣。

这本书即是"字媒体"上线一年以来的优质内容精选集，我们面向对汉语言文化感兴趣、渴望了解母语的年轻人，选取了一百多个生活常见语，邀请知名学者、专栏作家，从语言学、历史学、社会学的角度，对这些词语产生的源头、发展的历程以及背后蕴含的文化内涵进行深入浅出的解读。我们深信，这些流转在悠长岁月中的美丽语言，有着贯穿古今、反馈当下、连接个人的独特魅力。我们希望以字词为媒，让互联网时代的每个人都能轻松愉悦地了解我们的文化传统，从而更好地参与到我们所正在经历的这场变革之中。

纵观人类的发展历程，每一次重大的技术革新与社会进步，不仅需要披坚执锐的勇气，更需要持之以恒的信心。正是出于对身后故园的无尽热爱,勇士们才走上探索星际的孤独旅程。人类之所以伟大,不仅在于能够抬起目光,穿透黑暗,认识宇宙运行的奥秘;也在于能够低下头来,返璞归真,重新发现和欣赏我们一路走来的种种美好细节。

已识乾坤大,犹怜草木青。搜狗输入法邀你一起,以孩子般的好奇心回溯汉语言文化的本源,洞见汉字的乐趣。

2017 年 7 月

目 录

词语有故事

2 "百姓"原来是贵族
5 "千金"竟然是男儿?
8 "小鸟依人"最初是形容男生!
13 原来"倒霉"这个词我们一直都写错了
16 "乱七八糟"竟来自两次叛乱!
21 "笨女孩"以前其实是在夸人?
26 多少豪杰都错用了"未亡人"!
30 "娑婆"与"婆娑",你未必分得清楚
34 让全世界眼前一黑的词语
38 从武将到妓女:"宝宝"的身世如此有趣
43 在古代,"光棍"原来是"骗子"

词语有意思

48 "师傅"最早是帝王师,"博士""教授"原来自古就有!
52 "眼中"为什么会有"钉"?
58 天象、想象、形象……大象为什么承包这么多词语?
65 "衣冠禽兽"最早是骂人的吗?
67 容易被误会的"奇葩"成语
73 这八个惨遭"整容"的常用成语,你知道几个?
79 这些词语有一半的意思都被忽略了
83 成语里那些已经在野外绝迹的动物
93 《山海经》里的"神兽"都逃进了成语里
99 钱包为什么叫"荷包"?旧报纸为什么叫"荷叶"?
102 "时髦"和"奇葩",古人用得也很溜

汉字真奇妙

108 "瘦"其实是一种病?"蛋"为什么有个"虫"字?
113 为什么"二"这个数字和"傻""笨"等意思有关?
118 人类千年噩梦:"它"到底是什么?
120 为什么古人会用"丑"来做名字?
122 "毂"还是"彀",傻傻分不清楚
125 汉字里的00后:鲁迅的"猹",代表女性的"她"
129 为什么夸人厉害说"棒",而不是"棍"?
132 我敢打赌,这些字就是生僻字
138 这些字真不是"山寨货",只是长得有点怪!
146 全国最难读的14个地名出炉,你早晚都躲不过!
157 不按套路出牌的汉字,读音奇葩到离谱
163 看着汉字,也能流口水!
169 怎么把一个字掰成两半用?

文化也疯狂

174 "二月二"为什么是剪头发的大日子?
176 灯红酒绿:为什么古人认为酒是绿色的?
179 关于"梅",你不知道的事
183 古代"宅女"如何打发时间
188 让我们聊聊古人怎么睡觉
192 古人怎么形容"胖"这件事?
196 古人的食物为什么都这么好听?
200 古代文化人怎么"吐槽"天气冷?
204 龟鹤宰相、白眼相公……古人把"绰号"玩出了"花"!
209 "萌宠"取名最优雅,还得是中国人
214 疯狂动物命名史:道士的猫叫"金吼鲸"!
220 中国文化中,有什么"傲娇"的自称?
225 孟姜女竟然不姓孟,那她到底姓什么?

词语有故事

"百姓"原来是贵族

文 | 王映元

如果你穿越到古代，遇见一个有名有姓的人，你可要小心点了。不因为别的，就因为他有名有姓！也许你认为有名有姓很正常，但事实是，在战国之前，只有贵族才有姓，平民只有名。就连"百姓"这个词，最初也跟平民一点儿关系都没有！

在周代之前，普通人是没有姓的。所以，"百姓"中的"百"是概数，表示多的意思，"百姓"就是表示众多的贵族。因为当时的官员都是由贵族担任，所以"百姓"也指官员，跟平民还沾不上边。

作为中华民族第一部古典散文集和最早的历史文献，《尚书·尧典》就明确提到过"九族既睦，平章百姓"，意思是既然九族都已经和睦了，接下来该辨别百官，彰明各自的职责了。又如《国语·楚语下》载："民之彻官百。王公之子弟之质能言能听彻其官者，而物赐之姓，以监其官，是为百姓。"

但好景不长，春秋后期，宗族逐渐衰落，各诸侯国之间征战不休，你来我往乐此不疲，诸侯王的王图霸业梦发酵膨胀。进入乱世，战乱频繁，宗族关系被破坏，士阶层的地位开始上升。"百姓"逐渐失去贵族的意义,社会地位与庶民相似。到了战国之后,"百姓"已经成了对平民的通称。

　　文字记录自然也是与时俱进。《尚书·泰誓》中便有"百姓有过,在予一人"。孔颖达曾为此注疏:"此'百姓'与下'百姓懔懔'皆谓天下众民也。"其中的"百姓"已然是平民的意思。同理还有《孟子·滕文公上》中的"乡里同井,出入相友,守望相助,疾病相扶持,则百姓亲睦"等。

　　秦汉之后,"百姓"成为庶民的代称已经是不可逆转的潮流,"百姓"以此意在诗文上的存在感也进入井喷状态。君不见"旧时王谢堂前燕",早已"飞入寻常百姓家"。张养浩途经潼关,"伤心秦汉经行处,宫阙万间都做了土。兴,百姓苦;亡,百姓苦!"戴复古感慨:"过隙光阴易去,浮云富贵难凭。但将一笑对公卿,我是无名百姓。"

lí mín
黎民

　　或许你还记得古装电视剧中的一个高频画面:一脸褶皱的老年顾命大臣,在大殿上忧心忡忡地对小皇帝说:"陛下,您可要为天下黎民百姓着想啊!请三思。"声泪俱下,情绪激动。那么,经常和"百姓"一起使用的"黎民",又是怎么来的呢?

　　很久以前,黄河流域有几个实力较强的部落:黄帝族、炎帝族、夷族和九黎族等。经过多年的征战,最终由黄帝族和炎帝族等组成的部落联盟共同战胜了九黎族。其中黄、炎、夷三个部落的联盟，是由大约一百个氏族构成的，因此统称"百姓"，而战争中的九黎族俘虏就被称为"黎民"。

百姓和黎民，实际上就是奴隶主与奴隶。到了西周，"百姓"成了贵族的通称。这时的"黎民"一词所包含的范围扩大了，自由民、农奴、奴隶等都可以用"黎民"代指，与"百姓"形成了相互对立的两大阶级。后来，经过长时间的历史演变，"百姓"的含义变得和"黎民"一样，成为普罗大众的总称，两者也就常常连在一起相提并论了。

战国前：百姓　　战国后：百姓

"千金"竟然是男儿？

文 | 邱妍

为什么大户人家待字闺中的年轻女子被称作"千金"呢？千金究竟值多少钱？

汉代以一斤黄金为一金，千金可值万钱。当初，西楚霸王的人头便值千金。据《史记·项羽本纪》记载："项王乃曰：'吾闻汉购我头千金，邑万户。'"所以，"千金"在古代可用来表示富贵或是贵重。把女儿用"千金"作比，与"掌上明珠"有异曲同工之妙。但令人意想不到的是，"千金"这个词最初跟女孩完全没有关系，指的其实是男孩。

南朝的谢朏是位货真价实的神童，普通儿童十岁时，应该还在为启蒙学字而绞尽脑汁，但谢朏在这个年龄就能写出很有见地的文章了。因此他特别受父亲谢庄的喜爱，经常被父亲带在身边。

一次，他随父亲游土山，临场受命做游记，谢朏果然不负众望，一下子就写出一篇文章。当时的宰相王景文看到后，当着他爹的面夸他："贤子足称神童，复为后来特达。"谢庄听了十分骄傲，情不自禁地夸儿子："真吾家千金！"

这就是"千金"这个词的由来。而谢朓作为一个神童,他的命运也比几百年后的方仲永幸运不少。父亲勤力栽培,自己也争气,神童的名声越来越大,甚至传到了宋孝武帝的耳朵里。最后,谢朓不但在文学上有所成就,官运也亨通,官至尚书令,最后辞官隐居。也正是因为谢朓的名气,"千金"这个比喻才流传了下来。

但到了元代,"千金"却突然"变性"了,开始被用来形容大户人家的女孩。而这个改变源自一个叫张国宾的戏曲家。他在《薛仁贵荣归故里》中写道:"你乃是官宦人家的千金小姐,请自稳便。"此后,越来越多的人用"千金"来比喻女孩。

到明、清以后,话本小说中将大家闺秀称为"千金"已经非常普遍了。

既然大户人家的未婚小姐可以称作"千金",那么皇家公主在称呼上应该更尊贵了。不过"万金"公主没有,以"千金"作为封号的公主,中国古代倒是有两位。一个是北周赵王宇文招之女,另一个是唐高祖李渊之女。这两人的人生都充满了故事性。

北周赵王宇文招的女儿,为和亲嫁给突厥沙钵略可汗,在她下嫁的第二年,杨坚夺权,北周灭亡,隋朝建立。她的父亲赵王宇文招起兵反对杨坚,被诛灭九族。公主发誓报仇,挑动其丈夫攻隋,没有成功,只好无奈向杨坚写亲笔信,表示自己虽是北周公主,却十分钦佩杨坚的圣明,请求做大隋皇帝之女。隋文帝顺水推舟改封其为大义公主,两国关系缓和。

沙钵略可汗死后,按照突厥的风俗,公主又嫁给沙钵略的儿子都蓝可汗，最后却因为私情败露死于都蓝可汗之手，年仅三十三岁。千金公主一生命与运背，时与心违，实在可悲可叹。

另一个唐朝的千金公主的人生更是一言难尽。按照辈分，千金公主是李治的姑姑，比武则天高一辈。为求生存，她上疏请以则天为母，因此获得恩宠，保住性命，并改邑号为延安大长公主，赐姓武氏。这还不是重点，她做出的最著名的一件事就是把她的男宠冯小宝介绍给了武则天，并对武则天说："小宝有非常材用，可以近侍。"而冯小宝就是后来火烧万象神宫的薛怀义。这一连串的行为，也使得这位千金公主被记入了史册。

"小鸟依人"最初是形容男生！

文 | 陶短房

如果这会儿你接到一个久未谋面、事业有成的男性"发小"的电话，闲聊之际他告诉你，自己身边正有个"做小鸟依人状的亲密伙伴"，你脑海里多半会立刻浮现出一个娇俏女性的形象吧？

这原本也是人之常情：从文艺小说到肥皂剧，从专业作家的作品到网络写手"堆流量"的网文，但凡用到"小鸟依人"这四个字，跃入眼帘的多半是个如假包换的美女——不但必须是美女，而且还得是那种温柔羞涩，眉低眼顺的类型，"女汉子""女强人"或"运动宝宝"型美女还不在其列。

倘若这时有人告诉您，其实"小鸟依人"是对"飞鸟依人"这个成语的误读，照已故相声大师苏文茂的名言，"'小鸟依人'是'错误'，'飞鸟依人'才是'正根儿'"，您会做何感想？

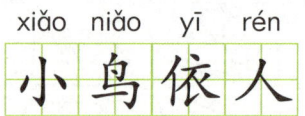

您可能会认为，不管是飞鸟还是小鸟，反正只要"依人"那就是个娇俏羞涩的大姑娘、小妹子。

这您可就错了，正所谓"一字入公门，九牛曳不归"。"小鸟依人"这个直到近现代才演变定型的成语，在其漫长的"飞鸟依人"阶段,所形容的常常并非是淑女或美女,而是如假包换的男性。

最早被称作"飞鸟依人"的历史人物可是个如雷贯耳的名人:唐初大政治家、大书法家褚遂良。

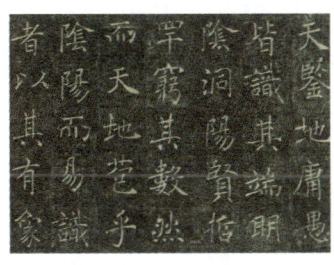
○ 褚遂良《雁塔圣教序》

褚遂良是名门之后,父亲褚亮在隋末先依附西北割据势力薛举,后归附当时还是秦王的李世民,成为所谓"秦府十八学士"之一。作为藩府亲信的子弟,褚遂良在李世民夺取帝位后的起点和"初始信任值"就高于常人,加上学识渊博,性情投缘,很得李世民器重。

《旧唐书》中记载,唐太宗贞观十八年(公元644年),李世民废黜太子李承乾,改立李治(后来的唐高宗)为太子,这件事让他精神上受到重创,就在这一年,他曾和妻兄兼重臣长孙无忌论及身边亲近文臣的优劣,最后一个点名的便是褚遂良。李世民说他"学问稍长,性亦坚正,既写忠诚,甚亲附于朕,譬如飞鸟依人,自加怜爱"。

在这段话之前,李世民曾直率批评对话者长孙无忌"妄相谀悦(乱拍马屁)"。在褚遂良之前被品评的人物中,也有唐俭("事朕三十载,遂无一言论国家得失")、高士廉("所少者骨鲠规谏耳")等被他认为"缺乏实话实说的勇气"。因此"小鸟依人"并非形容褚遂良百依百顺,而是说他生性温和，且发自肺腑地亲近李世民，让后者自然而然产生喜爱、关照之意。

褚遂良生于隋文帝开皇十六年（公元596年），长李世民两岁，但从辈分上算，却是后者的晚辈。他和生于北齐武平六年（公元575年）的高士廉、生于北周大成元年（公元579年）的唐俭这些与李世民甚至李渊平辈论交的老臣相比固算年富力强，和虽只小两岁却是李世民大舅哥的长孙无忌也不可同日而语，因此李世民在谈及他的时候，口气中自然而然带有一种长辈对晚辈的宽容和亲昵。

应该说，这个"原始版"的"飞鸟依人"虽然形容的是男性，且这位男性被如此"点评"时年已48岁，但"飞鸟依人"在那时却算得上是十足的"好评"，剔除性别因素，其含义和今天被"误读"后的"小鸟依人"也有几分接近。但接下来的演变就不怎么好了。

到了宋代，"飞鸟依人"不仅继承和发扬了用于形容男性的"光荣传统"，但是意思却从"好评"摇身变成了不折不扣的"差评"。最典型的例子是《宋季三朝政要》里关于南宋后期权奸史嵩之的一段记载。

这本由元初一位佚名南宋遗民撰写的历史著作中，提到宋理宗赵昀淳祐四年（公元1244年），史嵩之的父亲史弥忠病逝的事情。

此前史弥忠病重，按当时的官场规矩和礼教，史嵩之理应"留职停薪"去伺候父亲，但他唯恐一旦"请假"就可能丧失权势甚至官缺，一直对此装聋作哑。

后来史弥忠去世，按当时的制度，身为人子的史嵩之更应该开缺三年，为父亲"守制"，但史嵩之倚仗皇帝的宠信，继续以"夺情"（工作需要所以不得不化悲痛为力量坚守岗位）为由赖在右丞相兼枢密使（相当于总理兼国防部长）的要职上不肯下去。非但不肯下去，皇帝还下诏，让负责政府文件起草的学士院代拟一份诏书，为史嵩之"夺情起复"寻找一个冠冕堂皇的理由。

不少大臣、学者本来就对史嵩之专权不满，这下更是怒不可遏，纷纷以"忠臣必出孝子之门"（对父亲都如此不孝，对国家和皇帝感情可想而知）的"大题目"弹劾史嵩之，其中最著名的是由黄恺伯、金九万等一百四十名太学生联名上奏的弹劾书。书中痛斥史嵩之"视父死如路人，方经营内引，摇尾乞怜，作飞鸟依人之态"。很显然，在这里"飞鸟依人"是指为谋求私利奴颜婢膝，刻意放低姿态，对权贵阿谀奉承，不但是"差评"，而且差到了极点（同一篇文章中作者们表示"罪莫大于不孝""置之铁钺犹不足谢天下"，意思是砍了都不冤）。

不过随着岁月的流逝，"飞鸟依人"的含义渐渐变得越来越接近今天的"误读版小鸟依人"。清康雍乾年间绍兴画家冯仙等人纂写了本图文并茂的名人录《图绘宝鉴续纂》，其中有一卷是专门收录才女的，里面形容一名"善画兰、亦工诗"的才女叶文，就使用了"丰姿绰约，如飞鸟依人"的说法。

很显然，这个"飞鸟依人"不仅恢复为"好评"，而且用来形容女性风采，和今天的"小鸟依人"含义已几乎分毫不差了。

那么"飞鸟依人"又为何变成了"小鸟依人"？这个就不容易说清楚了。不过汉语中定语形容词的丰富，是和白话文学的普及和新文化运动的影响分不开的。事实上自晚清通俗小说大行于世，"小鸟依人"的用法便不胫而走，而一字之差的"飞鸟依人"反倒近乎销声匿迹了。

原来"倒霉"这个词我们一直都写错了

文 | 陈妙吟

南宋词人辛弃疾在《贺新郎·用前韵再赋》中说:"叹人生、不如意事,十常八九。"每个人都有倒霉的时候,但问题是为什么人们要把"时运不济,命途多舛"称为"倒霉"呢?而且在中国古代,"倒霉"这个词儿不是这种写法,也不是现今的意思。

dǎo méi
倒 霉

考试没考好?那就真的"倒楣"了

这就得先从科举考试说起了。中国古代的选官制度,经历了世卿世禄制、察举制、征辟制和九品中正制,直到隋唐时期才出现了延续一千三百多年的科举考试制度。经过了历朝历代的发展和完善,到明代,科举制度已经达到了鼎盛时期。朝廷对科举高度重视,同时也形成了完备的制度,共分为院试(童生试)、乡试、会试和殿试四级考试。

● 科举现场

"学而优则仕",对古人来说,读书是做官的途径,做官是读书的目的。若能登科及第,金榜题名,那就诚如诗人孟郊的《登科后》诗中所言:"春风得意马蹄疾,一日看尽长安花。"可是自古以来"逆袭"之路都不好走。明朝的"八股取士"严重限制了读书人的才智发挥,加之考场舞弊之风甚盛,所以中举是极其不易的。因此,举子们在临考之前都要在家门前竖起一根旗杆,称之为"楣"。杆上高悬大旗,上书一个"捷"字,装点门楣,以图吉利。如果京试高中,除了旗杆照竖不误外,还要另竖黄杆,升黄旗。反之,名落孙山之家只好乖乖地把原来门前的旗杆放倒,这就是"倒楣"了。比如明代著名散文家归有光,落第八次,寒窗十五载,直到三十五岁时才以第二名中举。而同时代的李时珍落榜三次,最后他决定弃官从医,成就了一部传世的《本草纲目》。

● 李时珍

江南多雨"楣"成"霉"

那好端端的"倒楣"怎么会变成"倒霉"了呢？《说文解字》曰："楣，秦名，屋櫋联也。齐谓之檐，楚谓之梠。"它本来是指门上的横木，此处表示的是高杆。上面讲到的"倒楣"一词后来就演变成了浙江省台州市的方言，被浙江一带的人们用来指遇事不利或运气不好。比如鲁迅在《花边文学·清明时节》中就写道："他掘开宋陵，要把人骨和猪狗骨同埋在一起，以使宋室倒楣。"茅盾的《子夜》也有提到："别项生意碰到开火就该倒楣，做公债却是例外。"这两位文学大师就是土生土长的浙江人。

méi
楣

我们知道，江南地区多雨潮湿，要是遇上个"倒黄梅"（盛夏以后再度转入阴雨天气）的天气，储存的干咸食品就更容易发生霉变，只能倒掉，所以也叫"倒霉"。恰好"楣"与"霉"同音，且"霉"字亦有坏运气的意思，因此"倒楣"就慢慢地变成了"倒霉"。

后来，这个词被越来越多地用于口语和书面语，一直使用到现在。于是，"倒楣"与"倒霉"成为了异形词。事情的转折发生在2001年，教育部和国家语言文字工作委员会于当年发布了《第一批异形词整理表》，在这两个词中选了"倒霉"作为规范的用法，"倒楣"反而成了"山寨"的那一个。

"乱七八糟"竟来自两次叛乱！

文 | 字媒体

一来二去，不三不四，吆五喝六，乱七八糟……仔细一想才发现，数字在成语里竟然出镜率颇高，简直有撑起半壁江山的架势。今天我们就来扒一扒"乱七八糟"的"七"和"八"。

"乱七八糟"经常用来形容毫无秩序、杂乱无章，其中的"七"和"八"虽然同样是数词，但长久以来命运却大不相同。

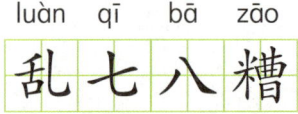

在民间，"七"是个经常在传说里出现的数字。天上有七仙女，地上则有葫芦娃七兄弟，炼丹修行也经常讲究要经过"七七四十九天"。而"七"这个数字之所以这么奇妙，很可能是因为它与历法星象有着密切的联系。

以前，古人通过观测月亮的朔望周期来制定历法。月亮的运行可以引动潮水的涨落，从潮平到高潮，由高潮再到潮平而至低潮，再由低潮回复至潮平，所需时间是一个朔望月，而每个变化过程的时间间隔正好都是七天。

汉民族中，"七"还与丧葬礼仪有关。民间有"做七""头七"的说法。西汉时朝政衰败，百姓困苦，名臣鲍宣上疏汉哀帝时谈到时事说："民有七亡而无一得，欲望国安,诚难;民有七死而无一生,欲望刑措,诚难。"从而有了"七亡七死"的典故。在许多人眼中,"七"跟"四"一样,是一个不祥的数字。

相反,"八"却是令人神往的数字。

我们都知道,"八"的谐音是"发",意味着发财、发家,故民间对"八"这个数字特别喜爱,有"要得发,不离八"之说。像八仙过海、八面莹澈、八拜之交……似乎成语里"八"一出现意义也会变得特别美好。不过,那是因为"八"还没有遇上"七"!在成语里,"七"和"八"这两个数字只要待在一起,好像总没有什么好词,比如七上八下、七手八脚、七拼八凑、七零八落、七嘴八舌、杂七杂八……

这些词里的"七""八",有一些是民间长期使用,从而约定俗成的,就像"七手八脚"比喻人动作忙乱,"七零八落"指零碎、不完整。但也有一些词语里的"七""八"是有特殊含义的。举个例子,现存最早的中医理论著作《黄帝内经·素问》中有一句:"能知七损八益,则二者可调;不知用此,则早衰之节也。"这句话里"七损八益"中的"七"和"八"就是来自中医以"七"指女,以"八"指男的说法。

○《黄帝内经》

《黄帝内经》认为妻子七年一周期，丈夫八年一周期，天人合一俗称七七八八，如果不按照天地阴阳四季，日出而作日落而息地交替生活，生命就会紊乱，这便是"乱七八糟"。但这还只是"乱七八糟"来源的其中一种说法。也有不少人认为，"乱七八糟"里"七""八"的身世其实是与中国历史上的两次著名叛乱有关。

"七国之乱"出"乱七"

"乱七"，指的是发生于汉景帝时期的"七国之乱"，又称吴楚七国之乱。话说汉景帝刘启即位后，中央专制皇权和地方诸侯国势力的矛盾日益激化，御史大夫晁错开始与汉景帝谋划削藩。

景帝二年，晁错向景帝上《削藩策》，大谈诸侯的罪过，请求削减封地。等到楚王来朝，晁错又打小报告，告诉皇帝楚王刘戊在为薄太后服丧期间偷做淫乱之事，建议诛杀他。汉景帝却不忍心，只是以削减东海郡作为惩罚。削藩这种事，一旦开始就停不下来了。随之景帝又与群臣商议起削夺吴王刘濞（bì）的封地事宜。不过，吴王刘濞可不是个好惹的人。冤家路窄，说起汉景帝和吴王的恩怨，其实早在汉景帝还是太子时，就结下梁子了。

想当年吴王的儿子刘贤到长安朝见皇帝，还是太子的刘启（后来的汉景帝）接待了他。每天兄友弟恭，演出了一段旁人眼里的兄弟情深。然而，事情坏就坏在吴国世子的脾气上。

刘贤在家时，锦衣玉食，受不得半点委屈。有一天他和太子在棋桌上起了争执，不肯相让。刘贤态度不恭，惹怒了太子刘启，太子一气之下拿起棋盘重重地砸在刘贤的头上，当场就把吴王的宝贝儿子砸死了。这一砸可不得了，吴王很生气，后果很严重，直接就给一场永载史册的动乱埋下了伏笔。自从儿子被皇太子刘启误杀后，吴王就开始称病不朝，暗暗起了反叛之心。

多年之后，当汉景帝意图削夺吴王刘濞的豫章郡、会稽郡的召令传到吴国后，吴王刘濞立即联合串通好的楚王刘戊、赵王刘遂、济南王刘辟光、淄川王刘贤、胶西王刘卬、胶东王刘雄渠六王公开反叛。又派人与匈奴、东越、闽越贵族勾结，以"诛晁错，清君侧"的名义，举兵西向长安，从而开始了西汉历史上著名的吴楚"七国之乱"。

这就是"乱七"的由来。

"八王之乱"生"八糟"

"乱七"始于"七国之乱"，发生于西晋时期的"八王之乱"则是"八糟"的由来。

想当年，司马炎建立晋朝后，害怕他人夺去他的政权，便把皇室子弟分封为诸侯王，享受各种特权。司马炎死后，把皇位传给了他的儿子司马衷。

司马衷是一个无能皇帝。有一次他外出听到青蛙叫，便问侍从："此鸣者为官乎？为私乎？"意思是说这些青蛙是公家的，还是私人的？侍从听后，哭笑不得，只能告诉他说，青蛙在官田为官，在私田为私。这样的皇帝当然掌握不了大权，于是大权落在了他的外祖父杨骏手中。奈何司马衷的老婆贾南风是个手腕狠辣的野心家。她看不惯杨骏大权独揽，便设计杀死了杨骏，请来汝南王司马亮辅佐。谁知司马亮也有独揽大权的想法，贾后觉得不放心，便派楚王司马玮杀死了汝南王。司马玮当权后，贾后仍然不放心，又设计杀了司马玮……基本上是谁去谁倒霉，如此三番五次，搞得大家都惶惶不可终日。

当时负责京城安全的赵王司马伦觉得这样下去也不是办法，一举发动政变，杀死了贾后，接着废惠帝，自立为帝。没想到其他诸侯王不认可，他们又联合起来杀死了司马伦，帮助惠帝复了帝位。但东海王司马越又不开心了，发兵进宫，毒死晋惠帝，另立新帝，由他自己掌握朝中的大权。

这场叛乱持续了十六年，先后有八个诸侯王参与叛乱，所以史称"八王之乱"。"八王之乱"跟"七国之乱"比起来，时间更长、规模更大，人民遭受的灾难也更为深重，所以被称为"八糟"。

后来，人们把这两次著名的叛乱联系起来，创造出"乱七八糟"这个成语，用来形容极度混乱的情况，沿用至今。不过，现在看来，历史上真正的"乱七八糟"比起它所形容的对象，混乱程度还真是有过之而无不及。

"笨女孩"以前其实是在夸人？

文 | 王映元

曾经有人做过一个调查：如果非要在"笨"和"懒"里面选，哪一个负面评价你更加难以忍受？结果绝大部分的受访者宁愿别人说自己懒，也不能接受别人说自己笨。这是为什么呢？大概是因为"懒"毕竟只是态度问题，并不是无药可救；但"笨"就不一样了，这是在侮辱一个人的智商。涉及最本质的东西，谁又能忍受自己受到如此轻视呢？

"笨"：最早是说植物

对此，"笨"感到很无辜，毕竟"笨"在最早的时候跟智商低并没有关系，它仅仅是作为一种植物而存在的。《广雅·释草》有云："竹其表曰筠（mǐn），其里曰笨，谓中之白质者也。其白如纸，可手揭者，谓之竹孚俞。"

这句话告诉我们一个真相——"笨"最初其实指的是竹子的里层，也就是竹子杀去青皮后留下的部分。这层白色内质又薄又白，还可以作为造纸的原材料。因其"又薄又白"的特性，古人有时也会用"笨"来形容女孩的纯洁可爱，如白纸一般。这也是"笨"作为情话存在时使用的意义。

"笨"既然脱胎于四君子之一的竹，经过几道工序成为了承载人类文化的纸张，有时还用来形容纯洁可爱的少女，但是最后怎么会沦落为骂人的话呢？

这个问题的关键在于一个人。东晋时有个道教学者叫葛洪，自号抱朴子，他写了一本书，名字也叫《抱朴子》。"抱朴"（bào pǔ）是道教里的词语，源于《老子》中的一句"见素抱朴，少私寡欲"，说到底就是清心寡欲，回归本真的意思。

bào　pǔ
抱　朴

不过，《抱朴子》这本书可不是葛洪的自传，里面的内容丰富多样，既讲了神仙、炼丹、符箓（lù），也讲了时政得失、人事臧否，甚至还有关于文学理论、文学批评的内容。可以看出，葛洪的这本书是想把毕生绝学倾囊相授，可谓知无不言，言无不尽。

有门人向葛洪请教，天下间恶人可以分为几类？他苦思冥想之后，就在《抱朴子·行品》中列举了数条，其中有一条就是"杖浅短而多谬，暗趋舍之臧否者，笨人也"。

在葛洪眼里，那种见识浅陋谬误百出，又不懂得善恶得失的人，就是"笨"。如此一来，"笨"才和愚蠢、智商低挂钩。经过葛洪这样一说，大家伙儿茅塞顿开，纷纷表示用"笨"来形容愚蠢无知的人非常贴切，还言简意赅。所以"笨"直到现在都没有迎来再次翻盘的机会。

○ 葛洪

像"笨"一样被"黑化"的汉字，还有它们……

"莽"：最早形容小清新

一提起"莽"字，脑海里马上映出虎背熊腰的大汉形象，性格特征则可以用莽撞、鲁莽等一系列神经大条的词语形容。然而，"莽"的本义其实是小清新！

"莽"，最早指的是密生的草丛，也泛指草，是春秋战国时期各种文献著作的高频用字之一。例如《吕氏春秋·精通》中的"若草莽之有华实也，若树木之有根心也"。屈原的代表作《离骚》中也有"朝搴阰之木兰兮，夕揽洲之宿莽"。

寥寥数字间，一个清晨沐浴阳光，到坡上拔取木兰，傍晚在洲畔采摘水莽草的战国文艺青年跃然纸上。到了屈原的亲传弟子宋玉时，"莽"就已经延伸出了广阔、旷远的意思，如宋玉《九辩》中有"莽洋洋而无极兮，忽翱翔之焉薄"之句。

"莽"同时也是一种竹子的名称。《尔雅·释草》中这样说："莽，数节。"郝懿行《尔雅义疏》也说"莽竹节短，盖如今马鞭竹"。总之，讲到这里，"莽"这个字要么就是"夕揽洲之宿莽"的文艺小清新，要么就是"莽洋洋而无极"的高远意境，要么就是清新挺拔的竹子。

但就怕对比。人们常用"庙堂"来指代高端大气有文化的"朝廷"，那么用什么来指代知识水平不高的民间呢？"草莽"似乎还挺合适，所以就有了《孟子·万章下》里的"孟子曰：'在国曰市井之臣，在野曰草莽之臣，皆谓庶人'"。《吕氏春秋·察传》中还有"乃令重黎举夔（kuí）于草莽之中而进之"，其中"草莽"指代的就是落后愚昧的乡间人。

cǎo mǎng
草 莽

到唐宋时期，"莽"与粗鲁的联系已经非常紧密了。宋朝诗人王禹偁曾经作了一首诗，诗名叫作《观邻家园中种黍示嘉佑》，其中有一句"播种甚莽卤，苗稼安能起"。"莽"在这里已经有莽撞粗鲁的意思了。

"妖"：在古代常用来指"美"

金庸小说的武林世界里，最有人气的女性角色，居然一致拥有"妖女"的称号，例如黄蓉、赵敏、任盈盈等。"妖"正是卫道士们用来攻击、贬低她们的形容词之一，看到这个字就会想到邪恶、害人、祸水等负面的意思。

卫道士们看着家里堆满灰尘的旧书籍暗暗叹了口气。其实很久很久以前，妖女、妖姬等词仅仅是美女的意思，和上述贬义完全没关系。

"妖，姘也。"意思是美得光彩四射，明艳照人。曹植在《名都篇》中写道："名都多妖女，京洛出少年。"都城这么多"妖女"还不得亡国？其实是因为那只是些明眸皓齿的女孩子而已呀！

司马相如在《上林赋》中也说："若夫青琴、宓妃之徒，绝殊离俗，妖冶娴都。""妖冶"，自然是夸女神美得旖旎多情、不可方物。

阮籍也在《咏怀·其五十一》里提过"念我平居时，郁然思妖姬"。乍一看阮籍还真是离经叛道，竟然公然说"思妖姬"？真相其实只是想要有美女做伴而已。这在魏晋南北朝那个风流和清隽共存的年代再正常不过了。

多少豪杰都错用了"未亡人"!

文 | 陶短房

2016年2月19日晚间,上海华东师范大学政治系某青年学者自缢身亡,消息震惊了知识界,一些认识或不认识、熟悉或不熟悉的人纷纷表达了自己对此事的看法。其中一位知识分子在网络社交平台上发出"今夜,我们都是江绪林的未亡人"之感慨,迅速引发了一片哗然。

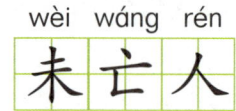

之所以会如此,是因为这位知识分子对"未亡人"的理解,是一个非常明显的误读。"未亡人"并非按照其字面的意思,是指"还没有死去的人",更非如这位知识分子所辩解的,有"朋友不该死却死去、我们对社会贡献不大却还苟活着"的含义,这个词自诞生之日起就有明确的指代对象。

"未亡人"最早的出处,是《左传·成公九年》。这一年是公元前584年,当年二月,鲁国大夫季文子(季孙行父)出使宋国归来,国君鲁成公设宴慰问,席间季文子"赋《韩奕》之五章"。

《韩奕》是《大雅》中的诗篇,内容是西周大臣尹吉甫歌颂鲁宣王,鲁国是周王室同宗,季文子朗诵《韩奕》意在赞美君王并自表忠贞。

季文子诵完之后,"穆姜出于房,再拜曰'大夫勤辱,不忘先君,以及嗣君,施及未亡人,先君犹有望也!敢拜大夫之重勤',又赋《绿衣》之卒章而入。"

《绿衣》是《国风·邶风》里的一首诗篇,只有四段六十四个字,"卒章"十六个字,"绤兮绤兮,凄其以风,我思古人,实获我心",有悼念逝者、不忘遗爱之意。

穆姜是鲁宣公的夫人,鲁成公的母亲,其时鲁宣公已去世七年,穆姜吟咏此诗,一来借此激发季文子对先君的感念,二来彰显自己先君妻子、现任国君母亲的身份,三来暗将季文子抬到和先君及自己同辈的长者地位,有嘱托对方尽心尽力辅佐儿子的意义。因此"未亡人"照训诂大师杜预的注解,是"妇人夫死,自称未亡人"。

很显然,"未亡人"的出处意义,首先是指寡妇而不能是男性,其次应该是寡妇自称而不能是别人对寡妇的称谓。

明末历史小说《东周列国志》里说,吴王阖闾在伍子胥帮助下击败楚国,占领郢都,楚昭王仓皇逃遁,其母伯嬴逃亡未及滞留宫中,阖闾欲行非礼,伯嬴"以剑击户",痛斥阖闾丧失君王应有的道德水准,表示"未亡人宁伏剑而死,不敢承命"。这段传说是否实有其事且不论,"未亡人"三个字的含义却是一清二楚的。

此后"未亡人"三个字的使用,大抵遵循"寡妇"和"自称"两大原则。

如《资治通鉴》第一百零三卷记载,东晋简文帝咸安元年(公元371年)十一月,权臣桓温为扩大专权,强行废黜皇帝司马奕为海西公,并逼迫崇德太后褚氏下诏"背书"。褚太后对此十分不满却无可奈何,当时桓温甚至已经为褚太后的废立诏书打好了草稿,心怀悲愤的太后知道无法挽回,就在草稿后添上"未亡人不幸罹此百忧,感念存没,心焉如割"一行字。"未亡人"同样是自称,她是晋康帝司马岳的妻子,司马岳逝世于公元344年,距离她写下"未亡人"三字已有27年之久。

《梁书》里记载,南齐和帝萧宝融中兴二年(公元502年)三月,后来的梁武帝萧衍逼迫萧宝融禅位给自己,南齐被梁朝所取代,南齐宣德太后王宝明对此一筹莫展,无可奈何地下诏称:"西诏至,帝(萧宝融)宪章前代,敬禅神器于梁,明可临轩遣使,恭授玺绂,未亡人便归于别宫。"

○ 梁武帝萧衍

王宝明是南齐文惠太子萧长懋的妻子,并没有真正当过皇后,萧长懋逝世于公元493年,距离萧衍篡位已过去九年,王宝明自称"未亡人",凸显的是自己和已故文惠太子间的夫妻关系,带有以南齐遗老自居的亡国悲情。

《宋史》中也记载称,北宋神宗赵顼熙宁十年(公元1077年),太皇太后高氏交代后事,称"治隆殿后园池"可能是宋英宗赵曙预留给她,作为死后祭祀用享殿的位置,并嘱咐左右将这块"风水宝地"让给刚刚驾崩的儿子神宗盖享殿,自己去世后则"从英宗皇帝于治隆"。

她是宋英宗的皇后，此时英宗去世已有十年之久。"从英宗于治隆"，意思是等自己去世后不必另建享殿，只要把牌位送进丈夫英宗的享殿——治隆殿，一并祭祀就可以了。在这一则史实中，"未亡人"的"寡妇"和"自称"两重含义，同样是一清二楚的。

那么"未亡人"可不可以是他人对寡妇的称谓？可以是可以的，但这种用法大多出于诗词，且年代都比较晚。

如清代吴嘉纪《江都池烈女诗》有"朝为未嫁女，暮称未亡人"的词句；《东周列国志》在前述伯嬴的故事后引用了清蔡元放的一首诗，最后两句是"只有伯嬴持晚节，清风一线未亡人"。

这些明、清两代的诗词大多吟咏的"节烈""未亡人"指代的仍然是寡妇，且虽是旁称，但语气也仍然是"寡妇自谓"的腔调。

"未亡人"直到近代甚至现当代，词意都几无改变，如现代作家茅盾《泡沫·赵先生想不通》中说赵先生的大儿媳妇年仅十九岁守寡，做了"未亡人"。尽管这里是第三人称，但使用了引号，表明是知道这个词本应用于自称的，且"未亡人"指代寡妇的本意如故。

钱锺书《围城》中将"上海的寓公们"讽刺为"国家并没有亡，不必做未亡人"，虽形容的是男性，却使用了将国家比拟成丈夫、"寓公"比拟成妻子的修辞手法，"未亡人"实际上还是"寡妇"原意。

这样一个千百年来意思变化不大的词，在看过这篇文章后，相信你以后再也不会用错了。

"娑婆"与"婆娑",
你未必分得清楚

文丨陶短房

2010年10月国庆长假期间,对我人生有极其重大影响的恩师——原上海《申报》记者、原南京大学和南京外国语学校中文教师凌介平先生在南京家中去世。

消息被当年的同学传到遥远的加拿大温哥华,痛愕交集的我当天便写下一首悼诗《七律·闻恩师仙逝因赋以纪之》。

> 确是实情真讯么?人生最恸是娑婆;
> 怅人匆促难名状,恨我奔波疏问疴。
> 节下奠惟窗外月,口边吟是旧时歌;
> 那年彼此伤心际,忆得灯前一醉酡?

因为凌介平先生桃李满天下,这首悼诗一时间流传很广,不少认识或不认识的朋友在表达同悼之情之余,纷纷找到我的联系方式,或指点、或商榷、或明白、或委婉地提醒我"把词写颠倒了""趁别人没发现赶紧改回来"。

这些好心朋友说我"写颠倒了"的词,便是诗中首联对句中的那个"娑婆"了。朋友们误以为我是要写"婆娑"却不小心把两个字写反了,因此悄悄提醒我"赶紧改回来"。

但实际上我并没有把词写反:我在这个地方要用的正是"娑婆",而不是"婆娑","娑婆"和"婆娑"也是完全不相干的两个词。

"婆娑"是个土生土长的本土辞藻,最早的出处是

《诗经·陈风·东门之枌》中"子仲之子,婆娑其下"。《毛诗》中给"婆娑"二字的注解只有简单斩截的两个字——"舞也",表明"婆娑"最早是用于形容舞姿的。

婆娑是怎样的一种舞姿呢?

东汉蔡邕所撰《曹娥碑》,碑文一开始就说孝女曹娥的父亲曹盱"能抚节按歌,婆娑乐神"。明代著名学者沈德符在《野获篇·礼部二·女神名号》中对此的解释是"按《曹娥碑》中所云婆娑,盖言巫降神时,按节而歌,比其舞貌也"。曹盱是一名巫师,向神祈福时要随着音乐盘旋起舞,"婆娑"所形容的,正是这种盘旋的舞姿。

这位曹巫师跳舞的地点有时很不安全,比如他最后一次跳舞是在某年五月初五潮神伍子胥的祭典上,他在潮头"婆娑起舞"时"为水所淹,不见其尸",这才成就了流传至今的"曹娥求尸"的著名典故。

此后"婆娑"二字一直用于形容这种盘旋起舞的姿态,并且有了一些引申含义,但大多数引申意还是从"婆娑舞姿"而来,用于形容酷似盘旋起舞的姿态。

○敦煌莫高窟壁画中的舞伎

最初出现的"婆娑"引申意,是用于形容人的醉态,因为人喝醉酒后立足不稳,身姿蹒跚,像极了盘旋的舞姿。三国魏杜挚赠给后来因起兵反抗司马氏而名垂史册的毋丘俭的诗中有"骐骥马不试，婆娑槽枥间；壮士志未伸，坎轲多辛酸"的句子；东晋道家葛洪在《抱朴子·酒诫》中说汉高祖刘邦"婆娑巨醉，故能斩蛇鞠旅"，都是形容这种"醉步"。

同时代或稍晚，也有人用"婆娑"形容从容悠闲的形态。比如两汉之际的班彪《北征赋》中有"聊须臾以婆娑"的说法，初唐书法家李善注解说，"婆娑"是形容"容与（从容悠闲）之貌"。同样是葛洪，在《抱朴子·崇教》中说王孙公子"优游贵乐，婆娑绮纨之间，不知稼穑之艰难"，这里"婆娑"的用法，就和此前不同，而接近于班彪。

很显然，不论是"醉步"还是"大摇大摆"，都是直接从"婆娑舞姿"中阐发而来的。

大约南北朝时，"婆娑"被用于形容植物的姿态。

《世说新语》中称东晋末年的大臣殷仲文因政治上失势郁郁寡欢，在某个月暗灯稀的初一之夜和幕僚们在听事厅中闷坐，久久凝望着厅外随风起舞的槐树，长叹"槐树婆娑，无复生意"，这里用"婆娑"形容树影，是因为昏暗光线下风中的树影，和盘旋的舞姿有相通之处。

这种借形态上的相似而以"婆娑"形容摇曳、婉转、散漫的事物或姿态，古今均不少见。被形容为"婆娑"的，既有蓬松的发髻，也有婉转的歌喉。

较晚还有用"婆娑"形容老年人的。比如，清代张岱《陶庵梦忆·闵老子茶》里有"乃婆娑一老"的说法；而同时代的戏曲学家李渔在《意中缘·卷帘》中则有"老婆娑"的借代用法。之所以用"婆娑"形容甚至指代老人，是因为老人腿脚不便，走路不稳，看上去和"婆娑舞姿"也有几分相同之态吧。

梵文音译的"娑婆"又是什么？

"娑婆"是外来音译词，典出佛经，是从梵文中音译而来。《妙法莲华经》中云："云何名娑婆？是诸众生忍受三毒及诸烦恼，故名'忍土'。"注解中则说"梵云娑婆，此云堪忍"——"娑婆"是梵文直接音译，如果意译就是"堪忍"。"堪忍"什么呢？就是"诸众生三度及诸烦恼"，也就是世界上林林总总的一切，包括好的和不好的，愉快的和不愉快的，不论是否理解和喜欢，都只能无奈地接受。

文章一开头提到的那首悼亡诗中说"人生最恸是娑婆"，正是抒发对这种不能忍受、却又不得不忍受的人生百态的郁闷之情。

让全世界眼前一黑的词语

文 | 马伯庸

有这么一个有意思的词儿，一看能让人眼前一黑——鞲鞴。

gōu bèi

鞲 鞴

远一瞧以为是俩乱码，近一看像是俩二维码。先别着急，这两个字，可不是胡乱凑到一起的，这是一个正式的固定词汇。

很多佶屈聱牙的怪字怪词，都是从故纸堆里翻出来的冷僻典故，正常人根本看不懂也不会用。但"鞲鞴"不是。它的年岁不算古老，清末才出现的，是一个地地道道的工科术语。

"鞲鞴"的故事，得从一个人说起。

○ 徐寿，清末科学家，中国近代化学的启蒙者

这个人叫徐寿，他是近代难得的一位科学人才，先后任职安庆、南京军械所，负责蒸汽轮船的研发。

○ 中国第一艘蒸汽船"黄鹄"号

后来他去了江南机器制造局，建造了中国第一艘蒸汽船"黄鹄"号，还从事了大量科技书籍的翻译工作。

○ 徐寿和朋友们在江南机器制造局

他的事迹，只说一个就够了：徐寿翻译化学书籍时，认为中国对西方各种化学元素的名字翻译太混乱，便提出了一套化学元素的译名规则：音译汉字＋符合元素属性的汉字偏旁。比如锂电池，英文叫 Lithium，取其主音译成汉字"里"；又因为是金属，所以加了金字旁，遂成"锂"字。

现在常见的钠、钙、铝、锂、镍、锌、锰、钴、镁之类的元素汉字，即是出自徐寿之手。这个规则的意义之重大，怎么说都不过分。我们的日常生活中，天天可见徐寿的手笔。

徐寿是个全才，不过他也有专精之处，最擅长的是蒸汽机制造技术。可他在翻译国外的蒸汽技术书籍时，碰到和化学元素一样的问题：中国译者太多，术语不统一。于是他写了一本《汽机命名说》，分别对蒸汽机的各个部件进行解释与统一译名。

"活塞"是蒸汽机的一个极其重要的部件，英文叫piston，徐寿解说："汽筒之内为汽所冲激而进退者，名曰鞲鞴。"

这个词，徐寿可不是随便选的字。

"鞲"（gōu）字，本义是皮革套子，后来引申为鼓风用的皮囊。

"鞴"（bèi）字，原来指把鞍子搁到马上，与"服"的古音一样，也有一重意思指的是皮囊鼓风吹火熔化，称为"鞴液"，模拟的是液体受压喷涌的拟声。活塞在膛内受蒸汽压迫挤压，一来一回，岂不正是"鞲鞴"二字？

○ 古代鼓风机模型

明代有一本翻译西方科技的书，叫作《诸器图说》，里面提到提水机械的虹吸效应时，说了一句"假鞲鼓之"，即指用活塞推水。徐寿或许就是从这里得来的灵感，方有此妙手。这个翻译，可谓是音、意兼备，译得非常漂亮。

○ 徐寿纪念币

清华大学的李文、戴吾三两位老师曾经专文考证"鞲鞴"的由来和字源，认定这个词的翻译，是徐寿从 piston 转译而来。徐寿出版的《汽机中西名目表》，也是把 piston 对应到鞲鞴上去。不过 piston 的发音，和"鞲鞴"完全挨不上。这又是怎么回事呢？这是因为徐寿参考的，不光是英国人的技术，还有德国人的。而德文里的活塞，叫作 kolben。这才是"鞲鞴"真正对应的单词。

从武将到妓女:"宝宝"的身世如此有趣

文 | Emery

不知怎么的,"宝宝"成了流行语,若要追本溯源,"宝宝"二字,其实颇有一些故事可说。举个例子:你有没有想过"宝宝"这个叠词,是怎么跟小婴儿扯上关系的?

"宝宝"一词的来由,晚明文人田艺蘅的《留青日札》说得相当清楚。

> 今人爱惜其子,每呼曰"宝宝",盖言如珍宝也。亦作"保保",人以为保抱护持之义,殊不知"保保"者,元人尊重之称。

按照田艺蘅的说法:用"宝宝"来指代小朋友,大抵是明代开始的流行,其源头则可追溯到前朝。蒙元时候的语言,"保保"表达的是一种"尊重之称"。后来,这个词逐渐被转写成了"宝宝",推敲起来,大抵也是因为"宝"这个字,比较能够传达珍爱、贵重的意思吧。

换句话说,最早的"宝宝",其实被写作"保保"。《留青日札》提到了几个历史名人,包括元末将领扩廓帖木儿(就是《倚天屠龙记》里头赵敏的哥哥),以及明朝的开国功臣李文忠——这两个舞刀弄枪的家伙,都有个可爱的小名,唤作"保保"。

"保保"这个词,在明代的文献里面,已经可以见到一些有趣的变化,比方说"阿保",或者李文忠的另一个小名"保儿"。

"保保"在明代渐渐过渡成了"宝宝",不过,这个词最初还不特指小孩子,而可以有一些别的用法。比方说,晚明文人金瑶的文集曾经提到:当时的江南地方习俗,"子呼母'宝宝'"——换句话说,"宝宝"也可能反过来用,变成小孩叫唤妈妈的一种"爱辞",一种亲昵的称呼。

还有一种"宝宝"的用法,我们都很熟悉——小学的自然课,大家都去买"蚕宝宝",对吧?其实早在几百年前的中国,就已是这种叫法了。中国南方的浙江,历来是蚕丝的生产重地。而清代出身浙江的一些文人,都曾在他们的著作里面明确提到:当时的民间养蚕人家,"呼蚕为'宝宝'"。

蚕跟宝宝有什么关系呢?其实更早一点,人们管蚕叫作"春宝",这是因为春天时蚕的产茧量大,能带来很好的收益。另外也有一些人,把夏天结茧的蚕称作"夏宝"。

后来,我们可以看到越来越多的孩子以"宝宝"为名,出现在史册当中。例如晚清文献《黑龙江外纪》里的一个故事,说清嘉庆时候有个被流放到东北的读书人叫龚光瓒(zàn),小老婆给他生了个儿子,小名就叫作"宝宝"。龚宝宝是个异常聪明的神童,年纪不满九岁,便已读懂了许多书。当时的黑龙江将军非常喜欢他,时常叫手底下的人把他接到府邸里来,讲解一部汉文经典。

不过有一天,龚宝宝忽然问了个奇怪的问题,把将军给难住了。他说:"世人常常把天空跟大地比喻为父亲跟母亲。一天一地,一父一母,说起来也是很合理的事情。不过,身为妾生子的我,却有一个爸爸,两个妈妈。这就好像是头上有一片天空,脚下却有两块大地一样。我的大地,怎么会比天空还要多呢?"

皱着眉头的将军胡乱想了一个答案,勉强搪塞过去,龚宝宝也只能随口应和。但是,龚宝宝似乎始终也没能为这个纠缠在心底的谜题求得满意的解答。九岁那年,他的生命便也在这样的阴郁之中,走向了终点。

"宝宝"一词的流行,也曾得见于百年前的中国。晚清与民国的报刊当中,我们可以见到大量以"宝宝"为名的市井小民。比方说,1886年的上海《申报》就有一则新闻,说是"八铺地甲金宝宝,拘获棍徒张宝宝"——翻成白话文,就是某个叫"金宝宝"的里长,逮住了一个叫"张宝宝"的恶棍,这真可说是两个"宝宝"的狭路相逢了。

同时代,《申报》所记载的大小事,四处都能见到唤作"宝宝"的涉案关系人(但不一定是本名)。叫王宝宝的流氓、叫杨宝宝的车夫、叫沈宝宝的小妾……说那时的上海是"遍地宝宝",大概也不算太夸张吧。

在古代,老百姓的取名不如现在这般慎重,类似"宝宝"一样简单好记又意义美善的名号,很容易流行。而这种流行,其实也发生在风月场所。晚清至民国的文献里面,你可以找到超级多的青楼名妓,都以"宝宝"为名。

○ 民初《风月画报》上以宝宝为名的青楼女子

刘鹗《老残游记》,其中一回说到老残梦游阴曹地府,竟找到一家可以召妓的酒楼。老残翻开酒楼的花名册。只见那册子上,写的"既不是北方的金桂玉兰,又不是南方的宝宝媛媛",反而全是一些良家妇女的名姓。"宝宝""媛媛"合起来,被刘鹗当成了南方烟花女子的代名词。显然,这是因为当时的中国南方,有多不胜数的青楼女子,都选用了这两个名字。

拜日渐发达的报业与照相术所赐,清末民初,你可以见到一大票以"宝宝"为名的妓女所留下的身影。那个时代,知名的妓女就像明星,广受群众关注。她们的"小像"被刊发在各类报刊与广告当中,相片里的时髦打扮竟能引领社会的时尚风潮。小报里多不胜数的冶游录充斥着青楼群芳的八卦遗事,文人雅士竞相使用各种乏味的套语,在排行榜(所谓"花榜")上歌咏名妓的风姿,品评其等第。

书写妓女的男人们,多半只在乎妓女的"艳史""情史"或风流韵事,越是耸人听闻,越有腥膻色越好。清末皇族载弣(fū)与南妓苏宝宝、洪宝宝相好的传闻轰动一时,上海名妓花宝宝则先后成为革命党人王金发、直系军阀曹锟的宠妾。

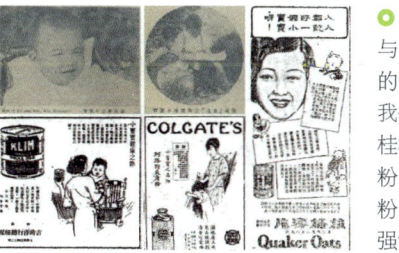

○ 民国时《申报》与《良友画报》上的"宝宝"。包括我们现在所熟悉的桂格麦片、克宁奶粉、高露洁爽身粉,都在广告里面强调"宝宝"

同样在民国初年,我们所熟悉的那种"宝宝",亦已广泛出现在报章杂志上头。比方说以"宝宝"健康为诉求的商品广告,或者知名人物亲生"宝宝"的照片也会被当成新闻刊载。

故事差不多要说完了。

而若按着这整个故事的脉络来看,今天你在电视上看到的天线"宝宝",以及穿着纸尿裤的满意"宝宝",其实都可以追溯到蒙元时候的历史。人类的语言里面,每一个字、词,都有它演化的线索。不合时宜的流行语可能会逐渐死去,老掉牙的"宝宝",也可能被赋予新的意义,并且忽然流行起来。若把时间拉长来看,"宝宝"的意涵,在这几百年间其实曾经发生过许许多多的变化,它一度可以指代母亲,一度是普遍的姓名字号。而今天的"宝宝",又成了一个颇有戏谑意味的代词。

数十年后,中文里的"宝宝",还将衍生出什么奇妙的意思呢?

在古代，"光棍"原来是"骗子"

文｜邱妍

在今天，以欺诈行为欺骗人的，我们会叫他"骗子"；而在古代，这种人说好听了就是"奸诈狡猾之辈"，说难听了就是"光棍"……你没有听错！这个如今让无数单身汉闻之伤心、听之落泪的词在古代其实是骗子的代名词。

"光棍"是罪，得治！

在注重多子多福的古代，没有老婆就意味着没有子孙，就像一棵不能开枝散叶的树，只剩下光秃秃的枝干，所以用"光棍"来表示单身汉其实是很形象生动的，但它又跟"骗"有什么关系呢？

这还要从"棍"这个字说起。"棍"这种东西除了可以用来打坏人之外，也可以用来形容品行很坏的人，元代康进之的《李逵负荆》中就已经出现了这个用法："山儿，我如今放你去，若拿得这两个棍徒，将功折罪；若拿不得，二罪俱罚。"像如今的恶棍、淫棍、赌棍，也都是从"棍"的这个含义中引申出来的。

这么说来，骗子又是什么"棍"呢？如果是靠装神弄鬼来坑人的无赖，那就是"神棍"；而若是靠巧舌如簧来骗人的流氓，那就是"光棍"！

没错，在古代"光棍"这个词还可以用来表示骗子，比如《儒林外史》第四十六回中就有一句:"恐怕是外方的甚么光棍,打着太尊的旗号,到处来骗人的钱,你不要上他的当!"

但为什么骗子不叫"骗棍"而叫"光棍"?毕竟"光"这个字的形象自古以来都是极好的,除了与"棍"字搭配,从来没有过"骗"的意思。而且,光还是高频的姓名用字,怎么会沦落到这个地步?

其实"光棍"一词是从与之音近的"诓棍"演化而来的。"诓"一直以来都是"骗"的意思。轻的是哄骗,例如巴金《灭亡·八日》里的"她又不得不止哭去诓孩子";严重的就是欺骗,例如《史记·郑世家》里的"乃求壮士得霍人解扬,字子虎,诓楚,令宋毋降",把整个国家都骗了。

kuāng
诓

后来在相传中被误写成了"光棍",于是这个词就有了狡诈的意思。明清两代,"光棍"的说法颇为流行,成为了对痞子无赖的通称,《大清律例》中还有专门用以处置流氓的"光棍例"。 所以,在古代"光棍"可是要被抓起来的啊!

说起"骗子",我们来讲几个故事。

想"骗人"?先向纵横家取取经

说起来,大多数骗子都有巧舌如簧的本事,骗人当然是不对的,本应禁绝。那我们今天也来说说伶牙俐齿、能言善道之人的故事。

春秋战国时期盛行纵横家。这些纵横家最大的特点就是能言善道，舌灿莲花。因《芈月传》火了一把的张仪就是个著名的纵横家，因为他在说服人方面太成功，还留下了"张仪欺楚"的典故。

话说诸侯争霸时期，楚怀王听信张仪"秦国为让楚国与齐国断交愿献商于六百里地"的承诺，火急火燎就跟齐国断了交，没想到待楚国的使者去接收土地时，张仪翻脸不认账，说："哪有这回事，大概是你们大王听错了吧！秦国的土地哪儿能轻易送人呢？我说的是我自己的封地，不是秦国的土地，而且是六里，不是六百里。"

可惜，楚怀王并不想跟张仪一起过愚人节，所以一下子怒发冲冠，马上发兵十万人攻打秦国。秦国也发兵十万人迎战，同时还约了齐国助战。最后，楚国赔了夫人又折兵，不但商议的六百里地没到手，连楚国汉中六百里的土地也给秦国夺了去。

皇帝开玩笑，后果很严重

话说回来，"欺君"是大罪，"君无戏言"的帝王们骗起人来，后果也是很严重的。代价最惨痛的莫过于"烽火戏诸侯"的周幽王了。在烽火台上，他与褒姒并肩，看狼烟四起，烽火冲天。远方的诸侯蜂拥而至，败兴而归。她在他宠溺的眼神中终于笑了，周幽王看到烽火的效果那么好，心想何不多点几次。但是诸侯们可不是真的"愚人"，被耍了几次之后见到烽火也就见怪不怪了。可怜周幽王到犬戎真的攻来的时候,身边一个帮手也没有。就像"狼来了"里的小放羊娃,最后连自己的命都搭上了。

成语"桐叶封弟"讲的就是一个国君哄骗弟弟的惨痛经历。

桐叶封弟
tóng yè fēng dì

西周,周成王与弟弟叔虞玩耍时,随手捡起落在地上的一片桐叶,把它剪成玉圭的形状,送给了叔虞,并且对他说:"我要用这个分封你。"但事后他就把这事忘得一干二净了。

○ 周成王与叔虞

辅佐他的周公见这么久了都没什么动静,于是找了个机会正儿八经地问周成王:"你什么时候把分封叔虞的事给办了呀?"周成王一听就笑了:"我不过是跟他开玩笑罢了。"周公把脸一沉说:"君无戏言。"

周成王见事情好像很严重的样子,只好把眼泪往肚子里咽,狠下心来把唐国分封给了叔虞。

所以说,无论古代还是现代,哪怕你再心思细密,聪明善言,也不要轻易骗人,不然被识破,终会自食其果。

词 语 有 意 思

"师傅"最早是帝王师,"博士""教授"原来自古就有!

文 | 钱多多

"师傅"还是"师父",傻傻分不清楚

早在战国时期,"师傅"一词就出现了。

当年,秦始皇的父亲公子异人好不容易在大商人吕不韦的帮助下从赵国回到秦国,结果秦王一见他就要他吟诵诗歌。异人一直在赵国当人质,他怎么会吟诵诗歌?于是就推辞说:"少弃捐在外,尝无师傅所教学,不习于诵。"(《战国策·秦策五》)这里的"师傅"指的就是教师。

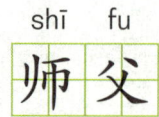

"师父"一词直到唐代才出现,起初也是专指教师一职,但慢慢被用来指代具有特殊技能的人。而"师傅"在经历了秦汉至南宋专指帝王老师的高潮后,终于平缓下来,渐渐走进了寻常百姓家。清代以后,三百六十行中传授技艺的人都能被称为"师傅"。

到了今天,只要是年届中年的男性,称呼他为"师傅"就更是毫无问题了。

夫子：从孔子尊称到私塾教师称呼

教师还有一个别称叫"夫子"。追溯起来，这还要从孔老夫子说起。

孔子学成之后，心怀天下，希冀以不世之材，在仕途上寻求突破。他先是管理仓库，又管理畜牧，然后开办了私人学校。但是他仕途走得很不顺利，学校倒办得轰轰烈烈，收了很多弟子。古代成年男子为"夫"，要尊称某人，就在姓后冠"子"，所以弟子们尊称孔子为"夫子"。

有了孔子这个名人做榜样，后世的教师纷纷以"夫子"自称。"夫子"也就成了教师的代名词。

"教授""助教""博士"都是本土词汇

今人有"教授"头衔，大多指大学的教师。乍一听，好像是一个外来语。但你可能不知道，中国古代就有"教授"这个词了。不但如此，现在洋气的"助教"和"博士"也是土生土长的教师称谓。

"博士"一词出现年代最早，战国时期就出现了，指的是一种负责教授子弟的官职；"助教"稍晚一些，是西晋时设来协助博士教授子弟的官职；到了宋代，中央和地方的学校开始设置"教授"一职以传授学业。

为什么能称女性为"先生"

历史上,教师还有一个很有意思的称呼——先生。

"先生"一词最初指的是年长有学问的人。

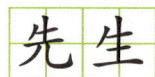
xiān sheng
先生

遥想当年,中国的女人遵从的是"无才便是德",基本"大门不出二门不迈",因此"先生"这个词自然跟女性沾不上边。

后来,"先生"一词演变成了教师的尊称。率先用"先生"称呼教师的,始见于《曲礼》:"从于先生,不越路而与人言",但仍然跟女性不沾边。

直到近代,随着女性解放的大潮,"先生"才用于称呼女性。

当然,只有非同一般、德高望重、学识渊博的女性才能当得起"先生"这个称呼。比如"最贤的妻,最才的女"杨绛先生,再比如许广平先生。

什么时候小学生开始喊"老师"

"老"是古时对公卿大夫的尊称。《礼记·王制》中说:"属于天子之老二人。"这里的"老"均为上公、大夫。师,用于对教师的称呼则源自唐代韩愈《师说》:"师者,所以传道授业解惑也。"

此后,就把"老"和"师"合称为学生对教师的尊称。战国时期著名的思想家荀子就是这样的老师,《史记·孟子荀卿列传》载:"齐襄王时,而荀卿最为老师。"

lǎo shī
老师

唐、宋两代,"老师"指称宗教的传教者,如唐朝诗人王建的《送山人二首·其一》写有:

> 嵩山古寺离来久,回见溪桥野叶黄。
> 辛苦老师看守处,为悬秋药闭空房。

后来,"老师"渐渐指教育学生的人。金末的文坛盟主元好问还专门为小学生孙伯安写过一首诗《示侄孙伯安》:

> 伯安入小学,颖悟非凡儿。
> 属句有凤性,说字惊老师。

到了明、清两代,生员和举子对主试的座主和学官也称"老师"。民国时期,"老师"的叫法就已经非常普遍了。

但官方明确将教师的称谓定义为"老师"则是近代的事了。19世纪末,中国现代教育奠基人何子渊先生主导创办新式学校,开始在《学生操行规范》里称教师为"老师"。

至此,用"老师"来称呼"传道授业解惑"者,成为共识。

"眼中"为什么会有"钉"？

文 | 邱妍

yǎn zhōng dīng

眼 中 钉

"眼中钉"通常用于形容那些看不顺眼的人。它常常和"肉中刺"放在一起使用。不过，"肉中刺"好理解，但"眼中钉"又是怎么回事，钉子怎么会跑到眼睛里去呢？

其实，"在眼中的"最早不是"钉子"，"钉"只是谐音而已。

据说，在北宋时期有个宰相叫丁谓，整天偷偷摸摸搞陷害忠良、结党营私的事儿，老百姓们看不过，写了一首民谣："欲得天下宁，需拔眼中钉。"这个"眼中钉"，就是指丁谓的"丁"。

◦ 丁谓

还有一种说法是"眼中钉"其实是"眼中疔（dīng）"的变形，"眼中疔"就是眼中的一些恶性小疮。

眼中的"钉"没有，眼中的"疔"却是很常见。元朝的《陈州粜米》中，就有一句："小衙门云：我见了那穷汉似眼中疔，肉中刺。"

后来，或许是"眼中疔"无法生动形象地表现出看见敌人时心中的种种不快，渐渐地，"眼中疔"就演变成了"眼中钉"。

斗胆：是斗那么大还是斗那么重

"斗胆"里的"斗"不是动词"dòu"，而是量词"dǒu"。

dǒu dǎn
斗 胆

"斗"是多少呢？你应该听过"不为五斗米折腰"这句话，它出自《晋书·陶潜传》，里面本该"采菊东篱下"的大才子陶渊明去当了县令，而县令的俸禄只够买五斗米。

后来他认为自己做不来这份工作，就撂下这句话回乡下种田去了："吾不能为五斗米折腰，拳拳事乡里小人邪。"

那么，"斗胆"是多少斤胆呢？实际上"斗胆"跟多少没关系，说的是大小。

三国时期有个名将叫姜维，本来打仗打得挺酣，结果发现他的"老板"蜀国后主向魏国投降了。他很气愤，想了个计划离间魏国的两名大将，想趁机复国。可惜计划还没实现，底下的人就因为妒忌他，团结起来杀死了他。

因为大家都很好奇他怎么那么大胆敢扰乱魏国政治，于是就剖开了他的肚子，发现他的胆真的很大，跟用来盛放粮食的"斗"一样大。

所以《三国志·蜀书·姜维传》就有了这样的记载："维死时见剖，胆大如斗。"

◉《三国志》

"斗胆"一词也因此流传了下来。说到底，"斗胆"其实就是"大着胆子"的意思。

青睐：原来就是用黑眼珠瞧人

"青睐"其实是个很有意思的词，它跟"白眼"相对，源于魏晋时期"竹林七贤"中的阮籍。阮籍有个江湖绝技叫"青白眼"。"青白眼"就是用"要不要正眼瞧你"来表示"喜不喜欢你"，自然，"青眼"是喜，"白眼"是恶。

所以"青睐"指的就是用黑眼珠瞧你，看上你了。既然是"黑眼珠"，为什么不叫"黑白眼"呢？这是因为"青"在古代也指"黑色"。像李白的"朝如青丝暮成雪"，其中的"青丝"指的是"黑发"；"花暖青牛卧，松高白鹭眠"中的"青牛"也不是青色的牛，其实就是"大黑牛"。

后来，由"青睐"还延伸出"垂青""青盼"等词，都含有一种喜爱的感情。

黄泉：阴曹地府的名字来自泥巴水

在中国道家文化中，"黄泉"是指人死后去的地方，实际上就是阴曹地府。为什么阴曹地府要叫作"黄泉"呢？

说起来，"黄泉"这个词的产生还跟古人的常识有关。古人掘地三尺后发现，如果地下水挖深了就会呈现黄色（其实是泥巴水），所以认为地底下的就是黄泉。而且人死后也是要埋在地下的，因此"黄泉"才会成为"阴曹地府"的代名词。

不过"黄泉"这个词能红起来，还是因为一对儿母子。

东周时期有个郑庄公，他妈妈因为郑庄公的弟弟长得帅就一直偏心弟弟。在郑庄公掌权之后还煽动其弟弟篡位。郑庄公知道后很生气，就把他妈妈赶离首都，并扬言道："不及黄泉，不复相见。"

但是过了段时间后他又后悔了，虽说"君无戏言"，但终究思母心切又不能相见，就问臣子怎么办。臣子建议挖一条深深的地道，一直挖到有水的地方，地下的泉水受黄泥浸染刚好就成了"黄泉"，这样母子就能在"黄泉"见面了。

上当：亲戚上阵，当铺破产

"上当"是"被骗了"的意思，但是为什么中了圈套叫"上当"呢？

其实"当"指的就是"当铺"，"上当"的意思即"去当铺"。

清朝时期，有个叫寿苎（zhù）的人是帮富户王氏家族经营当铺的掌柜。寿苎作为掌柜整天就知道吟诗作对，对生意一窍不通。王氏的族人不但不担心，反而觉得可以趁这个机会捞一笔，于是纷纷拿家里不值钱的东西上当铺典当，要寿苎给他们一大笔钱。寿苎见当铺本来就是王家开的，加上自己也不懂，也就不好不给。

结果给着给着，有一天当铺彻底破产，寿苎才知道自己受骗了。从此，"上当"也就跟"受骗"挂钩了。

不过从另一个角度来看，"当"也可以解释为"空当"，指"圈套""奸计"等。"上当"自然也可以理解为中了圈套而上当受骗。

买卖东西：为何不能买卖"南北"？

"东西"一般用来指代一些物件，但为什么不能换成"南北"呢？

根据清代学者考证，据说是因为东汉时，东京洛阳和西京长安是市集主要集中地，所以就有"买东"和"买西"的说法。此后，"东西"逐渐成为了货物的代称。

dōng xi
东西

另外,用"东西"不用"南北"据说还跟五行有关。

宋代时有个叫盛温如的人手提一只篮子跟理学家朱熹说要拿来装"东西"。朱熹很奇怪:"为什么不装南北?"盛温如充满深意地笑着说:"东方属金,西方属木,篮子装得;南方属火,北方属水,篮子何装?"

其实"东西"之所以为"东西",也可能仅仅是因为"东西"在"东西南北"里排得比较靠前,由于物产于四方,因此就约言称之为"东西"。

像杜甫在《无家别》里写的"我里百余家,世乱各东西",即是用"东西"作为四方的代名词。

天象、想象、形象……大象为什么承包这么多词语？

文 | 鱼与鱼周旋久

在《三国演义》里，诸葛亮仰观天象，便知自己危在旦夕；司马懿夜观星象，便知诸葛孔明气数已尽。但"天象"这个词为什么叫"天象"，"星象"这个词为什么叫"星象"呢？难道它们跟大象有关系？

其实想想，黏着"象"不放的词语还真不少。例如"想象""印象""形象"，这些看似跟"象"这种生物毫无联系的词语到底是怎么跟"大象"搭上关系的呢？

为什么要"想象"？

一直以来，只要一提到大象，脑子里蹦出来的，除了把象奉为神明的东南亚，就是狂野的非洲大草原了。那么，古代中国有大象吗？肯定是有的，这从"象"这个字就可以看出来！"象"的字形类似于大象的耳朵、牙齿加上四条腿的模样。

象

"象"字的字形发展

《说文解字》是这么解释"象"的:"长鼻牙,南越大兽,三季一乳,象耳牙四足之形。凡象之属皆从象。"意思就是,象,牙长鼻子长,是一种来自南越地区的大兽,三年才能生出一胎。

看了这个解释,恍然大悟,原来早在古代中国就已经有了大象这种动物,它们主要生活在南越地区,包括今天的广东、广西和贵州。

象群

那么作为动物的"象"又怎么会和"想象"这些词语扯上关系呢?

这就要从博大精深的古籍里找答案了。《韩非子·解老》里有这么一段话:

> 人希见生象也,而得死象之骨,案其图以想其生也,故诸人之所以意想者皆谓之象也。

大意是,人们很少见到活着的大象,一旦得到了死象的骨头,就根据它的结构想出大象活着的样子,这就是

词语有意思

"想象"。后来人们习惯把幻想出来的东西叫作"象",所以才有了"天象""印象"这一系列的词。

不过,当代古文字学家唐兰在《古文字学导论·中国文字的起源》里又提出了另外一种可能性。老先生说,当一幅巨象的图画完成后,围观的群众不约而同地喊出了一个字:"象!"于是"象"这个字在中国语言里,就成了"形象""想象"等语的语根。

大象在古代常见还是罕见

虽然从这些解释看来,大象在中国古代是一种比较罕见的动物,所以才要花费那么多脑细胞去构想出它的样子,但是事实上,夏商之时中原地区仍有众多野象,同时人们也饲养大象。

禹划九州,以中原为豫州,"豫"其实是象形字,乃"象邑"二字的合文。当时的人不仅不用"想象",而且还有机会吃象。夏末商初洛阳人伊尹是烹饪高手,《吕氏春秋·本味篇》记载:"肉之美者,猩猩之唇,獾獾之炙……旄(máo)象之约。""约"说的就是弯曲的旄牛尾巴和大象鼻子。

另外,《吕氏春秋·古乐篇》里也写道:"商人服象,为虐东夷。"这说明商朝时大象还被用于战争,能够被用于战争的自然算不上什么珍禽异兽。

而这一切的转折点就在周朝。据《孟子》记载,周公东征时,"驱虎豹犀象而远之,天下大悦"。就是因为这样,周代以后,大象连同虎、豹、犀牛这些具有危险性和破坏力的动物都被放逐到江南，直至东汉，中原再无大象。

不过，虽然大象在周朝的时候被放逐了，但在后来的朝代中，却依然时不时地出来"刷刷存在感"。

象 郡

早在公元前214年，秦朝就设置了"象郡"（今越南北部和中国广西一带），这是唯一以动物名称命名的郡。

以此命名的原因，一方面大象的确是当地的"特产"，另一方面也体现了秦朝对象的重视。秦汉之交时，原本在龙川（河源）当县令的河北人赵佗在南越地区建立了南越国，自立为王，之后仍旧保留了"象郡"的设置。

而身处中原的洛阳人再一次看到大象，则要等到东汉时期。大象是佛教中的护法兽，佛教文化传入中土，多用大象驮经。

南朝的《东阳双林寺傅大士碑》中有一句"龙乡思其烧照，象驾乏其流通"。注解里解释称，"水中龙力大，陆中象力大，故负荷大法者比之龙象"。大象一下子变成了足以与龙并称的瑞兽。

东汉永平二年（公元59年），乾陁罗国（古印度十六国之一）向中国皇帝进献了白象。据《洛阳伽蓝记》记载：

（白象）背设五彩屏风、七宝坐床，容数十人，真是异物，常养于乘黄。象常曾坏屋毁墙，走出于外，逢树即拔，遇墙亦倒。百姓惊怖，奔走交驰。

白象坊

因为普通百姓对大象还是很恐惧的,所以朝廷还为大象专门建了个养殖场,定名白象坊。

犀象舞

到了唐代,大象则成为了百戏演出中不可缺少的主角。"百戏"是古代杂技、歌舞及民间各种音乐技艺的总称,唐代是百戏的繁盛时期。

bǎi xì
百 戏

百戏中的象舞起源于四川、云南一带的少数民族舞蹈。在隋唐时期,象舞被传到洛阳和长安。据《旧唐书·音乐制》记载,百戏演出中,"五坊使引大象入场,或拜或舞,动容鼓振,中于音律,竟日而退",看起来跟如今马戏团里的大象表演没什么两样。而之前与大象被一起放逐的犀牛也回来了,卢纶《奉和圣制麟德殿宴百僚》中的"蛮夷陪作位,犀象舞成行",就描写了犀牛、大象共同演出的壮观场景。

象养所

在北宋,又不断有异邦进贡大象。为此,朝廷成立了一个新的机构,名为"象养所"。北宋蔡绦写的《铁围山丛谈》中记载,有个来自杭州的妇女看到大象,无比惊骇,回来对丈夫说,我今日从皇宫门前经过,怎么看见有这么大的一头长鼻驴啊!一时成为人们的笑谈。

因为大象一般是贡赋之物,所以它首先是皇权的象征。宋朝时大象集中饲养在开封的玉津园里,其中有交趾、安南、真腊、占城、罗斛等地的大象。

宋真宗天禧三年,玉津园里就有46头大象。这些大象能跪拜高呼,还能跟着节拍跳舞。最重要的是,大象还参加每三年由皇帝主持举行的祭天仪式。

○ 宋真宗

参加仪式的仪仗队规模庞大,大象共有六头,分列左右领队巡行。宋徽宗时,参加仪式的大象增加到七头。南宋时,大象继续参加朝廷的祭祀仪式,只不过上面坐上了技师,技师手执短小的工具,指挥大象时而跪下,时而旋转起舞,十分好看。

普通百姓到这个时候也不怕大象了,争相赠送彩绸、酒和钱币,有的还买下大象的塑像送给亲朋好友。

象辇

在元朝,皇帝外出巡幸时,坐的不是马,而是象辇。

《马可·波罗游记》就记载了元世祖忽必烈坐在象辇上的样子:

  忽必烈坐在木制的盆子里,这个盆子架在四只象的背上,象身用被火烤得干硬的厚皮保护着,并被披上宝鞍、铠甲。宝盆上有许多弩手和弓箭手。宝盆顶上飘扬着日月图案的皇旗。

  可以看出,大象到后来已经变成了一种权力、吉祥的象征。老百姓们要见到大象,那可真得靠"想象"了啊!

"衣冠禽兽"最早是骂人的吗?

文 | 字媒体

衣冠禽兽,现在的意思自不必说,是穿戴着衣帽的禽兽,指行为卑劣,如同禽兽的人。然而在古代,这个词可是褒义词,它是身份的象征,代指官员。

明清时期官服的前胸和后背正中都缝着一块"大补丁",文官补丁上是飞禽图案,武官补丁上是走兽图案,"衣冠"上纹"禽兽",是为"衣冠禽兽",而这种纹有"禽兽"的大补丁,就是"补子"。

"补子"不是"打补丁",而是为了彰显穿衣人尊贵的身份。为了显示尊贵,补子上的图案当然要"高大上",必须是珍禽异兽,文武官各不同。

文官儒雅娴静,官服以禽鸟为补子图案纹样。

按等级分就是:一品仙鹤,二品锦鸡,三品孔雀,四品云雁,五品白鹇,六品鹭鸶,七品㶉鶒,八品鹌鹑,九品练雀,越往后越普通。

● 一品文官补子

○ 穿官服的清朝官员

武官勇武剽悍，威风凛凛，以猛兽为官服补子图案，以彰显其威仪。

按等级分下来：一品麒麟，二品狮子，三品豹，四品虎，五品熊罴，六品彪，七品八品犀牛，九品海马，大多威武。比如二品官是"可伏虎豹"的狮子；五品武官，补子上是比狗熊体形大而且勇猛的熊罴。最厉害的是六品武官了，补子上绣的是"彪"，彪虽然是老虎生的，但比老虎更加凶悍残暴，虎毒都不食子，但彪饿起来什么都吃。

言归正传，"衣冠禽兽"是怎么变成贬义的呢？这是因为大环境的变化。

封建社会后期官场腐败，文官爱钱，武将怕死，欺压百姓，无恶不作。于是，"衣冠禽兽"就演变成为非作歹、如同牲畜的贬义词。

容易被误会的"奇葩"成语

文 | 小童

成语中有很大一部分来自古代经典著作或历史故事。所以,成语的内涵不仅仅在于字面意义,要想把成语用得贴切,还得熟悉它的历史出处才行。

现在我们就来看看几个非常容易被误解的成语。

惨绿少年:皮肤还能是绿色的?

又是"惨",又是"绿",不知道的,还以为"惨绿少年"形容的是脸色发绿的少年呢。其实,这里的"惨"通"黪",指颜色暗淡。"惨绿少年"指的是穿着淡绿衣服的少年,后来也指衣着讲究的少年。

这个成语出自张固《幽闲鼓吹》,说有一天潘孟阳在家宴请宾友,潘母在帘后偷看,发现一个坐在末座的绿衣少年谈吐不俗、风度非凡,因此断言此人日后必成大器。

打死老虎:关于武松的故事?

"打死老虎"听起来实在不像成语,倒像是和"惨绿少年"同一系列的兄弟故事。当然,"打死老虎"并非出自"景阳冈"一带,而是出自清朝李宝嘉《官场现形记》

的第二十八回。

此处的"死老虎",指的是失势倒台的人。所以"打死老虎"不是真要把老虎给打死,而是抨击已失威势的人,与"打落水狗"的意思相近。

打死"老虎"？打"死老虎"？

兔丝燕麦：真不是燕麦的新品种

南北朝时北魏王朝漠视学术文教,使众学官终日无所事事。于是几个学官联名上书,求复兴太学。奏本中有这样一句话：

今国子虽有学官之名,而无教授之实,何异于兔丝燕麦,南箕北斗哉？

兔丝,有丝之名而非丝；燕麦,有麦之名却非麦。这句话中的另一个词"南箕北斗"也是一样,"箕"和"斗"都是星宿的名字,"箕"形似簸箕而不可以簸扬,"斗"状如酒斗却不可以挹酒浆。所以"兔丝燕麦"和"南箕北斗"都用来比喻有名无实。

凭虚公子：他可不是虚弱的公子

看到这个成语，先别误会，"凭虚公子"并非是"身体虚弱"的公子。"凭"是依托的意思，"凭虚公子"和司马相如《子虚赋》中谈到的子虚先生、乌有先生十分相似，是指假设的人或事，出自张衡《西京赋》。

掉臂不顾：丧尸片的既视感

这个成语乍一看挺惊悚，"掉臂不顾"，莫非是说手臂掉了都不顾了？当然不是。这里的"掉"是指摆动，而"顾"是回头的意思。"掉臂不顾"是指摆动手臂不回头，形容毫无眷恋的状态。

这个成语出自《史记·孟尝君列传》："日暮之后，过市朝者，掉臂而不顾。"意思是，赶集的早晨，人们都拼命往集市里挤，但太阳落山之后，人们就"掉臂不顾"了。这并非是人们厌恶傍晚，而是那里已经没有他们想得到的东西了。这是一位宾客对官复原职的孟尝君说的话。中心思想是：不要埋怨你被贬时我们离开了你，事物发展都有必然归宿，人情世态也都有本来面目。

骨腾肉飞：画面血腥不敢看？

比起上面那个成语，"骨腾肉飞"看起来就更吓人了，仿佛是在描述什么血腥的爆炸现场。其实这个词走的是写意风格，形容的是奔驰迅速或神魂飘荡的状态。出自汉代赵晔《吴越春秋·阖闾内传》:"走追奔兽,手接飞鸟,骨腾肉飞,拊膝数百里。"

痴儿呆女:看成"痴呆儿女"的举手

"痴儿呆女"指的是天真无知的少男少女。出自秦观《贺新郎》:"巧拙岂关今夕事?奈痴儿呆女流传谬。""痴"和"呆"在古代都可以作为对小孩的爱称。比如在《红楼梦》中,我们就常看到"痴宝玉""呆香菱"之类的说法,这并非真的说宝玉和香菱有多么痴傻,而是暗含天真可爱的意思在里面。

别抱琵琶:为什么不让抱琵琶?

当然,同样不能用现在的大白话来理解"别抱琵琶"这个成语。"别"在文言文中有"另外"的意思,如《琵琶行》中的"别有幽愁暗恨生",就是说"另有一种愁思幽恨暗暗滋生"。

"别抱琵琶"即"另抱琵琶"，是指移情他人或改嫁，用于女性。出自明朝孟称舜《鹦鹉墓贞文记·哭墓》："琵琶别抱归南浦，负却当年鸾锦书。"

枇杷门巷：这是果园的名字吗？

这个成语千万不能随便乱用，它的含义可没有表面看起来那么"小清新"。"枇杷门巷"用来指代妓女居住的地方。出自唐朝王建为西川名妓薛涛写的诗："万里桥边女校书，枇杷门里闭门居。"是说薛涛隐居的地方在枇杷荫蔽的院落，借此衬托出薛涛的高雅，也借枇杷花比喻薛涛才貌超群。

浮一大白：难道是姑娘的妆花了？

"浮一大白"和姑娘的妆容无关，和电影《超能陆战队》中的角色"大白"更无关。

"浮"是指违反酒令被罚酒，而"白"则是罚酒用的酒杯。所以"浮一大白"的意思是罚饮一大杯酒，后来也指满饮一大杯酒。出自《说苑·善说》。

博士买驴：是不是还有"硕士买马"？

这个成语出自《颜氏家训》中记载的一则笑话：晋朝有一位博士（古代官名）去集市买驴，卖驴的老头不识字，拜托这位博士写份字据。谁知这位博士做文章向来下笔千言离题万里，字据写了三张，圣贤之道讲了一大通，却丝毫没提到驴的事。

所以"博士买驴"一词，是用来讥讽文章长篇累牍说不到点子上。

弱不好弄：难道"强"的就好弄了吗？

"弱不好弄"的含义，即使通过字面意思猜也很难理解。这个成语出自《左传·僖公九年》："夷吾弱不好弄，能斗不过，长亦不改，不识其他。""弱"是指年少，"好"指喜欢，而"弄"是指玩耍。所以"弱不好弄"的意思是指一个人在年幼时不爱玩耍，通常用来形容古代的"小学霸"。

这八个惨遭"整容"的常用成语，你知道几个？

文 | 千里

历史上写错、用错词的状况很多，而且往往错着错着大家就习惯了。今天我就带大家看看，那些被"整容"的成语。

后人误理解，积非成是

新婚燕尔 xīn hūn yàn ěr

成语在漫长的历史中被传承下来，常常会发生意思的变迁，稍不注意，就可能闹笑话。

比如在婚礼现场，"新婚燕尔，永结同心"既是出现频率最多的成语，也是最被常说错的成语。

新婚燕尔典出《诗经·邶风·谷风》："谁谓荼苦？其甘如荠。宴尔新昏，如兄如弟。"

讲的是一个负心丈夫赶走妻子，重新婚娶的事。这两句描述的是妻子的感受：谁说荼菜味道苦？和我的心比起来，甜如荠菜。你们新婚快乐，把这些外人视同兄弟。

所以，新婚燕尔，说的分明就是男人二婚。

难兄难弟 nán xiōng nán dì

这个"难兄难弟"啊，一般人都理解为半斤对八两。

但常说的人，连读都没读对，古代发音应该是：难（nán）兄难（nán）弟，典出刘义庆《世说新语·德行》，原句是：元方难为兄，季方难为弟。

陈元方和陈季方是兄弟，有天他俩的儿子聚在一起比谁的爹更厉害，争执不下就跑去爷爷那里评理。老头说了一句话：我大儿子难为兄，我二儿子难为弟。什么意思呢？就是说都挺好，不分上下。所以这个成语的近义词应该是"不分伯仲"，是个褒义词。

然而不知道从什么时候起，这个词就被错用为"落难"的意思。读作"难（nàn）兄（nàn）弟"，意思是：共患难或处于同样困境的人。

无所作为 wú suǒ zuò wéi

汉代初年有一个"官员合理合法消极怠工"的案例，所谓"萧规曹随"，就是萧何在为汉高祖制定了一系列国法仪轨之后，去世了，继任的曹参整天喝大酒，根本不管事。后来汉惠帝抱怨他，他就解释说："我的本事比不上萧何，不是干得越多错得越多？"汉惠帝也无话可说。后代史家如何评价曹参呢？——无所作为。这是一句很好的评语。无所作为，典出朱熹《朱子语类·论语》："然黄帝亦曾用兵战斗，亦不是全然无所作为也。"

乍一看好像没头没脑的一句话,而且这条成语看着好像也是贬义词的意思。但要是综合前文看,意思就恰好相反。

朱熹和他的学生在书里讨论管仲,其中一个学生问朱熹,皇、帝、王三者有什么区别吗?朱熹说:说到德行的增益,皇和帝都是自然而然的,就比如黄帝,无为而治,但即便是黄帝,也干过带兵打仗的事,算不上无为而治,所以还是有点欠缺。

所以,这里的"无所作为",走的是道家"无为而无不为"的路数。就像后世人夸曹参,瞎干还不如不干,曹参有大智慧。

dāi ruò mù jī
呆若木鸡

实际上在成语界,要颁发最佳贡献奖的话,庄子铁定要入围。因为从《庄子》里面诞生了很多精彩的成语,比如这条"呆若木鸡"。

今天我们形容一个人吃惊,文绉绉一点的话就叫作"呆若木鸡"。而在最早的意思里,"木鸡"是真正的武林高手!

呆若木鸡,典出《庄子·达生》篇:"鸡虽有鸣者,已无变矣,望之似木鸡矣,其德全矣。"

讲的是个斗鸡走马的事——有个叫纪渻子的人给国王训练鸡界斗士,他花了很长时间把手里的鸡从"霸气外露"训练成了"藏而不露",看起来像木头雕成的,但是别的鸡一见,吓得转头就跑,这才叫大成。

闭门造车

又是一个"呆若木鸡"式的故事。

今天我们理解"闭门造车",一般都说这个人封闭,不接受新鲜事物,不和人沟通。往好听说叫"敝帚自珍",说得不好听就是"故步自封"。可是古代的造车匠人要是听见你们这么解释这条成语,一定是不认可的。

闭门造车,典出朱熹的《四书或问》,有人讲,这可是朱熹说的闭门造车!可你得接着往下看啊!

《四书或问》:"闭门造车,出门合辙。盖言其法之同……"

朱熹老师的意思是说,你把这个定理背熟了,以后出去碰见这类题,照样能会。所以"闭门造车",是个关于严格规范制造流程,以实现标准化生产的故事。

眉来眼去

辛弃疾《满江红》:"落日苍茫,风才定,片帆无力……还记得,眉来眼去,水光山色。"

眉来眼去,现在多用来表达调情之意,暧昧之心,但究其本义,只是表达两个人心有灵犀,眼神交流而已,后来以讹传讹,就错用成勾情搭意了。

古人错记载，张冠李戴

出尔反尔
chū ěr fǎn ěr

一般人要是想掉书袋，基本会把"出尔反尔"和"首鼠两端"连着用。首先，"出尔反尔"这个词最初不是表示说话不算数的意思。出尔反尔，典出《孟子·梁惠王》：

> 曾子曰："出乎尔者，反乎尔者也。"

白话解释，就是你怎么对人家，别人就怎么对你。而"首鼠两端"，典出《史记·魏其武安侯列传》：

> （武安侯）怒曰："与长孺共一老秃翁，何为首鼠两端！"

这是武安侯田蚡骂韩安国的话，说他首鼠两端，犹豫不决。

有人一看就明白了，把人比成老鼠，不是什么好词，必须是贬义的。可贬义是贬义，"首鼠"跟老鼠一点关系都没有。

"首鼠"又写成"首施""踌躇"，这个叫双声联绵词，两个字一个意思，都表示拿不定主意的样子。所以，"出尔反尔"是被错用到今天的。现在成语词典上还有其"说话矛盾，反复无常"的一条解释；但"首鼠两端"在今天，依然是犹豫不决的意思。

每况愈下
měi kuàng yù xià

每况愈下，典出《庄子·知北游》：东郭子问庄子"道"在哪里？庄子说，天地间无所不在，可以在蝼蚁中，在草稗里，在瓦砾里，也可以在屎尿里。紧接着就是一句"每下愈况"。

庄子的意思是：大道理越到细微低下的地方，越能见得明白。所以叫每每向下走，道理更明了。庄子说的是"每下愈况"，南宋的洪迈在自己的《容斋随笔》里把这个成语写成"每况愈下"后，这个错误就传开了，然后意思还错会成了"情况越来越差"。

成语是中国几千年语言文化积累、筛选出来的精华，如今网络用语盛行，有人还把这些网络语言附会成中国的"新式成语"。从这种现象中，一来可见网络文化之强势；二来，也是促使我们反思：还是不要轻易抛弃前人遗留给我们的宝贵财产吧。

这些词语有一半的意思都被忽略了

文 | 流落海外的小蘑菇

汉语中很有趣的一点是，明明两个字单独看是不同的意思，合成一个词之后，只剩下其中一个意思，另一个字的意思却被忽略了，就像以下这些词。

mù　yù
沐　浴

虽然说"沐浴"和"洗澡"基本上是可以通用的，但带给人的意境就是不一样。

一说起洗澡，大家的印象基本都是快速地打肥皂、冲水，但是，沐浴就不一样了，给人的感觉是一场洗涤心灵的神圣活动，是一种庄重的礼仪。

事实也的确如此，在古代，如遇重大事件或节日，人们要"沐浴更衣"，以示尊敬。不过，古代的"沐"和"浴"，其实包括两个意思。

东汉许慎《说文解字》云："沐，濯发也。浴，洒身也。"也就是说，"沐"是洗头的意思，"浴"是洗身的意思。

现在常用的"沐浴"其实只沿用了半边词意。由此可见，洗头行为已不再包括在沐浴中，"沐"的含义在"沐浴"这个词中已经被排除了。

liàng qiàng
踉跄

"踉跄"最早出自韩愈的《赠张籍》:"君来好呼出,踉跄越门限。"

但说到这里,大家可能以为"跄(qiàng)"是一种不好好走路的状态。实际上,"跄"这个字单独存在时却是形容行走合乎礼节的意思。

有《诗经·大雅·公刘》为证,"跄跄济济",郑玄笺曰"士大夫之威仪也"。说的就是士大夫走路不仅步趋有节,队列还整齐庄严。

可惜的是,与表示"跳跃"之意的"踉"一起出现太久后,"跄"的本来含义已经被大众漠视且忽略了。

xíng mào
形貌

要有文化地称赞男神或女神长得好看,可以用到一个成语"形貌昳(yì)丽"。这个成语说的就是容貌美丽,神采焕发的样子。

但实际上,"形"和"貌"分别指的是人的身形与相貌。"形"更多倾向于身形身材这方面,只有"貌"才是彻底属于脸的。

《三国演义》第一回里刘备第一次见到张飞"身长八尺,豹头环眼,燕颔虎须,声若巨雷,势如奔马。玄德见他形貌异常,问其姓名。其人曰:某姓张名飞,字翼德。"

在这里,"身长八尺"是属于"形"的,"豹头环眼,燕颔虎须"才是描写"貌"的。由此可见,要达到"形貌"的标准,不仅要求脸要好看,身材还不能走形。

jī ròu
肌 肉

如今出入健身房的男性,都希望自己"穿衣有型,脱衣有肉"。不过这里的"肉"可不是"赘肉",而是特指"肌肉"。

但是"肌"与"肉"在古代可是不一样的,《说文》里说:"人曰肌,鸟兽曰肉。"意思就是在先秦时期,"肌"表示的是人的肉,而"肉"则是表示禽兽的肉。

春秋时期,介子推跟着晋公子重耳逃难,风餐露宿,饥寒交迫。没饭吃的时候,介子推就把自己大腿上的肉割下来煮了给重耳吃。

《汉书·魏相丙吉列传》在写这段故事的时候用的就是"介之推割肌以存君"。说明在那个时候,"肌""肉"是不能混用的。而相对于"肌","肉"的使用范围明显更加广泛，不仅指动物的肉，还可以指蔬菜瓜果等去皮去核后中间可食的部分。

到现在，"肉"更是与"肌"混用，几乎泛指人的所有软组织。但是严格来说，"肌肉"这个词都是指"肌"，如今我们身体上的"肉"也是松弛、柔软的"肌"。

当今社会最常用的一句口号就是"将命运掌握在自己手上"！但是"命运"真是我们能掌握的吗？或许应该纠正一下，我们有可能掌握的只是"运"而已。

《左传·成公十三年》中说："民受天地之中以生，所谓命也。"也就是说，"命"其实就是先天就拥有的资源，例如从父母那边继承来的家庭人脉关系、经济环境，遗传到的才智天赋，等等。俗话说得好："龙生龙、凤生凤，老鼠养儿会打洞"，就是这个道理。

但"运"就不一样了，"运"是运祚的意思，指的是历数，是个人对后天获得的机会和资源的掌握与运用，像工作、家庭、恋爱，这些都是不断变化的，而且有时还可以人为干预，不然又怎么会有"转运"一说呢？

成语里那些已经在野外绝迹的动物

文 | 流落海外的小蘑菇

不知你有没有发现，很多现在看来是"外来"的动物，在古代都愉快地生活在中国的大地上。而如今除了去动物园，就只能在成语里看到这些动物了。

心有灵犀：中国古代有犀牛？

"心有灵犀"这个成语，比喻双方对彼此的心思都能心领神会。

当然，这还要感谢大诗人李商隐的诗，一句"身无彩凤双飞翼，心有灵犀一点通"让无数人找到了写情书的灵感。但为什么"心有灵犀"就能"一点通"呢？"灵犀"又是什么？

其实，"灵犀"里的"犀"指的就是犀牛。

○ 犀牛

传说中犀牛角有像细线般可以连通两端的白纹，能够感应灵异，与上天神灵沟通。所以古人将犀牛视为灵兽，称为"灵犀"。而且在古代中国,犀牛还不少。中国先秦动物百科全书《山海经》里的《海内南经》中有一句:"兕(sì)在舜葬东,湘水南。其状如牛,苍黑,一角。"

意思就是,在舜埋葬地的东边,湘水的南边有一种动物,长得像牛,颜色黑黑的,还有一个角。

提取关键词一看,这写的不就是黑犀牛吗!犀牛在殷墟卜辞中被称为"兕",据说多生活在黄河中下游一带。

虎兕出柙:犀牛灭绝

这就说明,在很久以前中国人就见过犀牛了,而且当时的犀牛还不少,因为古代人不仅吃犀牛,还看中它皮厚肉硬的特点,把犀牛用在战争中。

犀牛皮刀枪不入,用来做士兵的甲胄再合适不过了。据说吴王夫差的十万大军全部身穿水犀甲胄。但是犀牛身上最珍贵的还是"灵犀",也就是被古人视为神器的犀角,据说"犀角搅汤解诸毒药"。即使不入药,制成器物也是极好的。

○ 犀角杯

因为犀角坚固而锋利,所以后来人们才用"犀利"一词来形容话语或目光的尖锐。

不过，古代人这么大肆捕杀犀牛，犀牛的数量早已急剧下降。《汉书·平帝纪》中有"黄支国献犀牛"的记载，这说明最迟到西汉晚期，中国本土的犀牛已几乎绝迹，需要靠外国进贡。一直到1922年，犀牛在中国完全灭绝。

暴虎冯河：华南虎

"暴虎冯（píng）河"这个成语出自《论语·述而第七》：

> 暴虎冯河，死而无悔者，吾不与也。

意思是：赤手空拳打老虎，徒步涉水过河这种人，在我看来都是典型的有勇无谋、冒险鲁莽。

但问题是，古代中国的老虎有这么多吗？为什么古代人一言不合就要打老虎？

实际上，老虎的确很早就跟我们的老祖宗打交道了，不过那时中国还没有华北虎、东北虎（西伯利亚虎分支），也没有踏海而来的西伯利亚虎、爪哇虎，有的只是中国虎的老祖宗——华南虎。华南虎是中国特有的虎亚种，先秦时期人们就用民歌歌唱它了，例如《诗经·小雅·小旻》中的：

> 不敢暴虎，不敢冯河。人知其一，莫知其他。

古代的华南虎长得可是相当威武，《格物论》里说它：

> 状如猫而大如牛，黄质黑章，锯牙钩爪，须健而尖，舌大如掌（生倒刺），项短鼻。夜视，一目放光，一目看物。声吼如雷，风从而生，百

兽震恐。

不过，老虎在古人的印象里也不完全是令人崇拜的，更多时候是一种凶猛恶毒的形象。

● 老虎

《史记·项羽本纪》中秦王被指责有"虎狼之心"，而屈原哀叹秦国无良时，也用了"虎狼之国，不可信"的评语。

秦朝之后，《山海经》记叙的四凶之一"穷奇"长得就像老虎，并被作为至邪的化身。人们对老虎非常恐惧，《太平广记》中还称人被老虎吃掉之后，死后也不得安宁，会变成帮老虎害人的伥鬼，这也是"为虎作伥"的由来。

也因为这样，在没有《野生动物保护法》的古代，"一言不合打老虎"变成了一件特别正义的事情，加上华南虎浑身上下都是宝，虎肉、虎胆、虎睛、虎牙都可以入药，打老虎看起来真是有百利而无一害啊！

然而到了21世纪，在中国已经找不到野生华南虎的踪影了。

汗血盐车：汗血马

成语"汗血盐车"以用汗血宝马拉运盐车来比喻人才被埋没受屈。在指代人才这方面，"汗血宝马"几乎等同于"千里马"了。

汗血马的故乡在大宛（yuān），所以又名大宛马。汉武帝是中原第一个得到汗血宝马的人，据说是敦煌囚徒暴利长捕获并献给他的。

因为传说汗血马日行千里，奔跑时汗水会从肩部流出，呈血红色，血性十足，在战场上也是骁勇善战。

汉武帝一开心就忍不住对着马唱起歌来：

太一贡兮天马下，沾赤汗兮沫流赭。骋容与兮跇万里，今安匹兮龙为友。

从中也可以看出，古人把汗血宝马当成天马的后裔，可以助人与龙对话，所以更加珍爱汗血马。

唐朝时，中原与西域诸国交往更加密切，唐玄宗将义和公主嫁给了宁远（大宛）国王，换回了两匹汗血马，玄宗亲自为两匹马取名为"玉花骢"和"照夜白"，它们还被画进了唐代名画《照夜白图》里。

《照夜白图》

不过，汗血马虽然耐力和速度都非常惊人，但是体形纤细，上战场就不是非常实用了，不仅负重能力不强，还不能驾辕，所以大将军们骑马作战都更愿意选择粗壮的蒙古马。加上古代作战用的马匹多数还要被阉割，所以即使有不错的汗血战马，也失去了繁殖后代的能力。渐渐地，从中亚、西亚引入的汗血马种马都归于消亡，汗血马在中国也就消失了。

指鹿为马：麋鹿

"指鹿为马"说的是指着鹿，说是马，比喻故意颠倒黑白，混淆是非。

这个成语虽然看起来很可笑，但实际上却是高深莫测的权谋政斗！

秦二世时，宰相赵高掌握了朝政大权。他为了测探群臣，牵着一只鹿当作马送给秦二世胡亥，耿直的胡亥说"这明明是鹿"，接着便问群臣。有些大臣忌惮赵高的势力就违心说是马。也有些说了实话，然后他们就被赵高杀掉了。

所以，"指鹿为马"其实隐含了很多潜台词。也因为这个缘故，历代大臣想想都很后怕，朝堂之上常常用它来做例子。

东汉名将窦宪劝帝时说：

深思前过，夺主田园时，何用愈赵高指鹿为马？

文人才子鸣不平也用它，例如苏轼说过：

内重之弊，必有奸臣指鹿为患。

吴伟业也说:

> 国中惟指马,阃外尽从龙。

实际上,鹿在中国文化中也是一个很重要的象征。早在上古时期,各个部落在战争之前都要去追逐鹿群,因为鹿角就是武器。得鹿群得武器,得武器得天下。于是,鹿就等同于帝位、政权。因此也有了"秦失其鹿,天下共逐之"的说法,这也是"逐鹿中原"的由来。

麋鹿在中国又名"四不像",传说还是姜子牙的坐骑。《墨子·公输》云:

> 荆有云梦,犀兕麋鹿满之。

这说明很久很久以前如今湖北的云梦泽生活着许许多多的麋鹿。

麋鹿有着树杈状的鹿角,而这样的鹿角在楚文化中能辟邪。早在东周时期,楚墓中就流行使用木雕鸟兽神怪镇墓,它们的头上都装有鹿角,保佑着主人在坟墓里不被打扰。也是从周朝开始,麋鹿就失去了自由。它们被捕进皇家猎苑,由人工驯养一代一代地繁衍着。汉朝末年,麋鹿的栖息地丧失,捕猎增加,本来就很稀少脆弱的麋鹿几乎绝种。

元朝时,蒙古士兵将残余的麋鹿捕捉运到北方以供游猎,于是麋鹿真的成为人界的玩物了。

唐诗人的隐士诗说尽麋鹿心里的苦:

> 虎豹忌当道,麋鹿知藏身。自有麋鹿分,只合在山林。

可惜如今连山林里也难觅麋鹿的踪影。

狗尾续貂：貂鼠

"狗尾续貂"这个成语本来是讽刺封官太滥。

《晋书·赵王伦传》记载：

> 奴卒厮役亦加以爵位。每朝会，貂蝉盈坐，时人为之谚曰："貂不足，狗尾续。"

说的是西晋时，官员以貂尾为冠饰，后来因为封官太滥，貂尾不足，就用狗尾代替。引申为以坏续好，前后不相称。常用来形容文学作品，例如金圣叹大骂罗贯中写的七十回后的水浒是"狗尾续貂"，不值一看。

《闲情偶寄》作者李渔自嘲自己的作品：

> 尚有踊跃于前，懈弛于后，不得已而为狗尾貂续者亦有之。

而"狗尾续貂"中的"貂"指的就是貂鼠。貂鼠萌属性极高，看起来又毫无攻击力，让人心生怜爱。

○ 貂鼠

在古人眼中，貂是这样的：

> 其鼠大如獭而尾粗。其毛深寸许，紫黑色，蔚而不耀。用皮为裘、帽、风领，寒月服之，得风更暖，著水不濡，得雪即消，拂面如焰，拭眯即出，亦奇物也。

汉制的侍中冠一般是以金饰首，前插貂尾，加以附蝉，取其内劲而外温。到三国时期，貂皮貂尾已是官廷皇室的常客了。

据说美女貂蝉本不姓貂，因被选入汉宫任管理官中头饰、冠冕的女官，故称"貂蝉"官。这说明那时候貂皮已经成为宫中女眷争抢的对象。也因为从古至今，貂皮都被人们作为一种珍贵的皮毛，所以貂鼠的命运好不到哪里去，大批大批的水貂遭到扒皮的厄运，如今水貂已经被列为国家濒危物种。

穷猿奔林：猩猩

这里的"穷"指的是"技穷"，猩猩被猎人追得实在没办法了，所以就只能奔向山林。

这个成语出自刘义庆的《世说新语》，它的完整版是"穷猿奔林，岂暇择木"。比喻在穷困中急于找一个栖身的地方。在古人的眼中"猿"就相当于"猩猩"。

○《猿鹭图》

李白有句著名的诗："两岸猿声啼不住,轻舟已过万重山。"他在《清溪行》中的另一句诗也有着异曲同工之妙:"向晚猩猩啼,空悲远游子。"看来后人用"猿咽"表达悲声、渲染悲痛并不是没有原因的啊!

不过,如今猩猩几乎已经成为东南亚的"特产",中国古代竟然也有吗?

如今"猩猩"这个词所特指的红毛猩猩中国是没有的,但猩猩科的物种却能在古代找到蛛丝马迹。

据《山海经·海经》记载:"有青兽,人面,名曰猩猩。"

大书法家黄庭坚有一支用猩猩毛制成的毛笔,并在《和答钱穆父咏猩猩毛笔》中称猩猩"拔毛能济世,端为谢杨朱"。

用成语回顾了那么多曾经在中华大地上生活过的动物,你是不是也有一丝丝悲伤呢?

《山海经》里的"神兽"都逃进了成语里

文 | 流落海外的小蘑菇

○《山海经》

　　《山海经》是关于中国古代地理、神话传说的著作，它不单有山水地理、风土物产，还囊括了一些海外的怪鸟奇兽。这些"神兽"结合了上古人民的各种想象，只有你想不到的，没有书里看不到的。《山海经》里的动物多源于传说和想象，我们大部分是看不到了，但难能可贵的是，有些动物还不甘心退出历史舞台，在成语里继续存在。下面就让我们一起来看看成语中有哪些"神兽"吧！

巴蛇吞象

　　巴蛇，也叫修蛇。《山海经·海内经》里提到："西南有巴国，又有朱卷之国，有黑蛇，青首，食象。"

　　郭璞作注时说，这条青首黑蛇其实就是巴蛇。巴蛇很长，杀伤力也大，普通人恐怕很难想象出巨蛇吞食大象的场景吧？吞大象的确很难，还要小心肚子被象牙刺破，但巴蛇还是做到了！它为了把象消化掉花了足足三年，才将象的骨头吐出来。传说，人服用了这种巴蛇吐出来的象骨还能治腹内的疾病。

巴蛇虽然能将大象吞下，但是消化起来还得耗个三年五载。所以明朝人罗洪先就用"人心不足蛇吞象，世事临头螂扑蝉"来讽喻人贪得无厌。都说凡事要见好就收，不然后患无穷。

○罗洪先，中国古代著名的地图学家

巴蛇吞象

妈妈说我们是陆地上最大的动物

鹣鲽情深

"鹣鲽"是两种动物:一种是鸟,名叫"鹣";一种是鱼,名叫"鲽"。

鹣(jiān)即是白居易《长恨歌》里"在天愿为比翼鸟"的比翼鸟。《山海经·海外南经》里说:"比翼鸟在(结匈国)其东,其为鸟青、赤,两鸟比翼。一曰在南山东。"

其实严格来说,一只比翼鸟只算半只鸟,因为雄鸟只有左翼左目,雌鸟只有右翼右目,一雄一雌才能翱翔蓝天。而与比翼鸟齐名的鲽(dié),其实算不上是"神兽",因为它就是今天的比目鱼,但在古人看来,一条比目鱼也只能算半条鱼,要紧贴着另一条才能游动。

○ 比翼鸟飞行的正确姿势

所以,"鹣鲽"都是离开另一半,就失去了"全世界"的代表,因此常用来比喻夫妻情深。清人朱彝尊在《曝书亭集》评论说:"须臾不相离,无以异鹣鲽。"

○ 比目鱼

吉光片羽

吉光，又称吉良、泽马，是古代传说中的一种天马。出生在大泽中，身体是白的，带着花纹，但是鬃毛却是红的。

据《海内十洲记·凤麟洲》中记载："吉光毛裘，黄色，盖神马之类也。裘入水数日不沉，入火不燋。"

这就是说用吉光马身上的皮毛做裘，放到水里数日不沉，落入火中烧不焦，是极好的宝贝。所以就算是吉光身上的小羽毛，都宝贵得不得了。"吉光片羽"顾名思义，就是用来比喻残存的极其珍贵的文物。清人李绿园在《歧路灯》中还充满崇拜地说："祖宗诗文，在旁人观之，不过行云流水，我们后辈视之，吉光片羽，皆金玉珠贝。"

睚眦必报

睚眦（yá zì），是龙生九子之一。豹身龙首，性格刚烈，总是嘴衔宝剑，怒目而视。虽然是龙的亲儿子，但是因为身似豺豹，所以龙不高兴了，想扔掉睚眦，幸而有母亲苦苦哀求，才得以苟全性命。

睚眦长成后，游历天下，辅佐周武王成国后功成身退，武王亲自命工匠铸"睚眦像"于刀柄龙吞口，世代相传，以谢龙子睚眦的恩情。

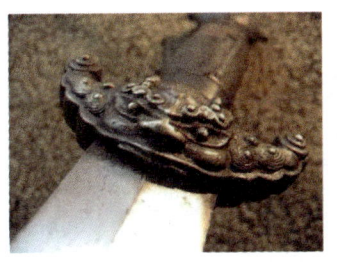

○ 常被雕饰在刀柄剑鞘上的睚眦

睚眦的形象看起来这么"正面","睚眦必报"却含贬义是怎么回事呢？那是因为睚眦性格刚烈，好勇善斗，样子没有生气也看起来像是在生气，所以后来人们就用"睚眦"来表示瞪眼怒视的样子。

秦昭王时，秦国一位权高势大的宰相叫范雎（jū），这人口才很好，唬得秦昭王对他十分信任。但是他的人生准则却很矛盾，《史记·范雎蔡泽列传》里说他"一饭之德必偿，睚眦之怨必报"。纵然只给过一顿饭的小恩也要报答，看起来是个知恩图报的好人。没想到接下来就开始反转了，纵然只瞪过一眼的小怨也要报复，这么一丁点的嫌隙都不肯相让。

饕餮盛宴

饕餮据说是远古氏族缙云氏的不才之子，它的"不才"主要体现在以"吃货"的形象闻名于世。饕餮不只是"吃货"，长相也真的让人不敢恭维。据《山海经·北山经》记载："（钩吾之山）有兽焉，其状如羊身人面，其目在腋下，虎齿人爪，其音如婴儿，名曰狍鸮，是食人。"

见多识广的郭璞为《山海经》作注时说，"狍鸮（páo

xiāo）"其实就是《左传》所说的"饕餮"。

○ 饕餮

饕餮不仅长得丑，性格还贪婪。《吕氏春秋·先识》记载过："周鼎著饕餮，有首无身，食人未咽，害及其身，以言报更也。"

说的就是饕餮非常贪食，以至于吃光了所有东西之后开始吞噬自己，最后仅剩下了头颅。饕餮在世上代表人性中的贪欲，贪食为饕，贪财为餮。历代青铜器上饕餮都是睁着眼睛，张着嘴的形象，代表着过度放纵食欲、酗酒或囤积的坏习惯。

不过随着时代的发展，饕餮作为"四凶"之一的不祥色彩被人淡忘，爱吃、懂吃、会吃的形象越发深入人心。这当然离不开文人墨客的推波助澜，比如苏东坡曾经写过一篇《老饕赋》，其中提到"盖聚物之夭美，以养吾之老饕"。所以，资深美食家都喜欢把自己称为"老饕"，"饕餮盛宴"自然就是有很多美食的大宴席了。

钱包为什么叫"荷包"？旧报纸为什么叫"荷叶"？

文 | 陶短房

汉语里有许多很有趣的借代词，其特点是用当时社会上更流行、更熟悉的词汇，去替代新出现的、人们尚属陌生的概念。这类借代词有些生命力十分旺盛，甚至有盖过辞源的势头。比如"枪"，现代汉语中指20毫米以下口径、发射弹丸的管状射击类火器，而在古代则是指一头或两头削尖、或装有尖锐枪头的刺杀性长兵器。后一种"枪"的概念早在秦朝李斯《苍颉篇》（"剡木伤盗曰枪"）中就已出现，到前一种"枪"出现的时候已成为中国军队中装备最多、最常见的长兵器。

○ 抗战时期，红缨枪是民间最常见的武器

借后一种"枪"为前一种"枪"命名，大约是因为两者外形相似（最早的火枪很像长枪）、在军队中地位相近（都是大量装备普通士兵的常用武器），但如今时过境迁，大多数人一听到"枪"，本能想到的就是发射子弹的武器，脑筋不拐好几个弯，是很难想到原本是辞源正根儿的"红缨枪"一类的。

但也有很多借代词的命运截然相反：辞源本意还在使用，而借代后的新词意已经或正在成为"过去式"，甚至看到听到也茫然不解。比如下面要提到的"两朵荷花"，即词中都带有一个"荷"字的借代词汇。

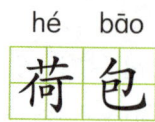

第一朵"荷花"是"荷包"，这个词如今还有不少人能听懂——"是说钱包吧"。对，没错，说的就是钱包。

○ 各种荷包

清末民初南方许多市民出门时，习惯于用当地随处可得的荷叶包上铜钱、铜板（清末开始流行的无孔机制铜钱）出门，以免这些零钱散落在怀里或衣袋里不好收拾。在上世纪三四十年代，最早的一批票夹式钱包流入中国，开始在大中学生、职员等比较"时尚"的人群中流行。

由于"钱包""票夹"自古以来并未在中国出现过，许多市井人物就借用功能相近（尽管形状差距很大）的"荷包"一词来称呼它，并一下流行开来。直到上世纪80年代，在中国大陆，尤其江浙一带，"荷包"和钱包、票夹之间还是可以马马虎虎画个"约等于号"的。

不过如今时过境迁,"钱包"一词已深入人心,虽然大多数人还勉强听得懂"荷包"一词,却已很少使用。

如果说听得懂"荷包"这朵"荷花"的当代人还不少,那么另一朵"荷花"则近乎鲜为人知了——"荷叶"。

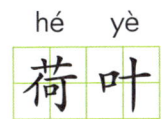

小时候外婆(南京城南人)总是把我上学时带的饭盒称作"荷叶",后来渐渐发现被叫作"荷叶"的不仅是饭盒,去菜场买肉,营业员用来包肉的白纸或废报纸也被叫作"荷叶"。询问老辈人才知道,早年间熟食店或肉铺总是用荷叶包裹熟食或肉类(还记得《水浒传》中《鲁提辖拳打镇关西》一章吗?倒霉的镇关西被鲁达消遣剁了好几包肉馅,这些肉馅都是"用荷叶裹了"的),后来这个习惯渐渐地改了,但老人们仍顽固地用"荷叶"指称各种替代传统荷叶外包装功能的事物。我最后听见被"荷叶"指代的是自由市场肉柜用于装生肉的红色马甲袋,时间是20世纪90年代末,地点是苏州市郊。如今连塑料袋也渐渐用得少了,古色古香的借代词"荷叶",貌似已没多少人听得懂了。

"时髦"和"奇葩",古人用得也很溜

文 | 安迪斯晨风

说出来你可能不信,许多现代时髦的词语在古书里都能找到,甚至就连很多我们聊天时的常用词,都是古人用过的。不过这些词的含义已经和古义有了很大的不同,下面我们就来看一看。

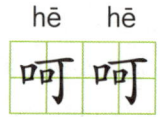

据说现代年轻人用微信聊天的时候最讨厌看到的两个字是"呵呵",仿佛隔着屏幕都能看到对方一抹带着嘲讽的冷笑。其实"呵呵"的历史比你想象的要长得多,唐朝诗人韦庄就写过"遇酒且呵呵,人生能几何"的句子。不过把这个词发扬光大的是北宋大文豪苏东坡,他给朋友写信或者聊天的时候都喜欢加上这么一个"呵呵",不过他只是表达开心的笑声,可没有嘲讽和骂人的意思。

韦庄那句诗里面,不但"呵呵"与现代不同,"几何"的含义也和现代完全不同。现在这是数学里面一门课程的名字,而古代,意思是"有多少"。比如三国时代的曹操就写过"对酒当歌,人生几何"。

像这种被网友们用得变了味儿的词还有许多，比如说"奇葩"，它本来是古人形容那些美丽而不同凡俗的花朵的词，西汉文学家司马相如的《美人赋》里就有"奇葩逸丽，淑质艳光"。现在网络上，我们却往往用来讽刺别人不正常，做事脱离常规。

还有一些词在古代很风雅，到了现在却含义大变。比如"人流"，它本来的含义是说一个人人脉很多，并且喜欢评价他人。

《三国志》里面说凤雏庞统"雅好人流，经学思谋"，听上去就像说庞统是个"大流氓"一样，因为现在这个词一般都是指"人工流产"了。

时髦

其实"时髦"这个词本身也是一个有上千年历史的古代词语，成书于南北朝的《后汉书·顺帝纪赞》里面就有"孝顺初立，时髦允集"一句，不过它是指"当代的杰出人物"，和现在的用法可以说没有什么联系了。

xíng li
行李

现代用法和它原本的意思变得完全不同的词还有"行李"。我们现在指的是旅人出门时所带的衣物、生活用品,是我们春节长假回老家时背着的一大包。在战国时代它肯定不是这意思。因为《左传·僖公三十年》中提到"行李之往来,共其乏困",行李又没长腿,怎么还会"往来"呢?原来,这里是指往来两国之间的使者。

duì
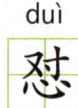
怼

如果弄错了词义,你可能就会被人"怼"——最近一年来这个"怼"字突然成了汉字中的"网红",究其源头,竟然也能追溯到战国时代。爱国诗人屈原在《九歌·国殇》里写道:"天时怼兮威灵怒,严杀尽兮弃原野",不过,那个时代它表示的明显是"怨恨"而不是要和人起冲突。

liáo

撩

今天在互联网上常用到的"撩",这个字的历史也足足有上千年了。不过古人仅仅用它来表示整理。比如东汉的《通俗文》中说"理乱谓之撩",跟现在的词义可谓千差万别了。

我们天天用的"可以",其实也是古汉语中的常用词。比如《左传·庄公十年》中就说"忠之属也,可以一战"。不过这句话里的"可以"意为"可以用来做某件事",跟现在的用法也大不相同。

接下来我再说一个你怎么也想不到的词:"电影"。毕竟我们今天喜欢看的电影发明于1895年,古代哪里来的电影呢?

其实,这个词最早是弓箭名,战国成书的《六韬·军用》篇载有:"材士强弩、矛戟为翼,飞凫、电影自副。"原来,早在两千多年前就有这个词了!

汉字真奇妙

"瘦"其实是一种病?
"蛋"为什么有个"虫"字?

文 | 李玟

"瘦"其实是一种病?

"胖"和"瘦"两个字虽然常常是一起出现的,但为什么"胖"字就跟人体肝脾肺等器官一样是"月"字旁,但"瘦"上面却是病字头?

其实,在象形字中"肉"和"月"长得非常像。

○ 左图:肉;
右图:月

所以"胖"中的"月"字旁其实是"肉"的意思。五脏六腑、四肢百骸是肉体的组成部分,因此大多数指代器官的字都是从月(肉)字旁,"胖"也不例外。而"瘦"很明显是没有"肉",自然从不了"月"字旁。

"屎尿屁"上面为什么是"尸"不是"人"

实际上,这得从汉字简化说起。现在我们看到"屍"只会把它当成"尸"的繁体写法,但在繁体字中,"尸"和"屍"其实是两个完全不同的字。

shī

"屍"的意思等同于我们现在的"尸"字,即表示尸体等,跟死亡有关。而"尸"在篆文、甲骨文中都形似蹲踞状的人,所以"尸"的古义其实是代表坐着的人。《论语·乡党》中说"寝不尸",意思就是睡觉时不坐。

○ "尸"的甲骨文

"毒"里为什么有个"母"?

"女"字旁的汉字很多都有不好的意思。例如"奸""妖""嫉""妒"等,这跟当时女性的地位低下有关。但"毒"字下面为什么是一个"母"字呢?难道是跟俗语"最毒妇人心"有关?

其实,"毒"字中藏着"母"只是古人的一个手误。在小篆中,"毒"字下面并不是"母",而是一个"毋"字。后来,人们传着传着就将"毋"错写成了"母"。

○ "毒"的小篆体

wú

毋

如今，中国大陆和韩国将"毒"的下方写成"母"字，但日本和中国台湾仍然是个"毋"字。

"蛋"里为什么有"虫"？

俗话说"苍蝇不叮无缝的蛋"。无缝的"蛋"虽然不会被叮，但"蛋"字里面怎么还是有"虫"呢？

其实这里的"虫"字，更近似于它在"蛇""蜥蜴"等字词中的用法，即表明该字词指代的是爬行类动物。

在古代，"蛋"其实更经常用来表示龟蛇等爬行动物所产下的卵，因此"蛋"的上半部分"疋"意指足部，下半部分"虫"则指代的是爬行动物。

◉乌龟及所产卵

"宠"是在家养龙当宠物？

都说在房子里养猪就成了"家"（虽然这是误传），那"宠"字是在屋子里养龙当宠物吗？

我们先来看看"宠"这个字，它上面的"宀"跟"家"

一样，指代"宅"。但家宅屋檐下的"龙"却不是指中国神话传说中的"龙"，而是指"蛇"。因此"宠"的本义其实应该是"豢养在家宅里面的蛇类"，后来才转为供养、溺爱等意思。

不过，为什么古人要把"蛇"写作"龙"呢？

原来在中国古代，人们认为蛇在一定条件下可以幻化为龙。例如《抱朴子》中写道："有自然之龙，有蛇蠋化成之龙。"因此，民间常把蛇称为"小龙"，对蛇跟对龙一样有崇拜情结。这就不难理解"宠"字中为何用"龙"字来代表"蛇"了。

"槐"树边为什么站着"鬼"？

在所有木字旁的字里，"槐"是最诡异的一个了，因为"木"边竟然站了一个"鬼"字！但这到底是为什么呢？

如果问一些上了年纪的人，他们可能会说，槐树阴气重，容易招鬼附身。似乎"槐"这个字本身更预示着它真是"木中之鬼"。

《说文》中说："槐，木也。从木，鬼声。"用"鬼"这个字，其实是因为"鬼"与"归"音相近，取人死身体入土、灵魂归祖庙之意。所以槐树不是招鬼树，而是庇荫人的"守土树"。

总而言之，槐树"招鬼"一说是不科学的，北方更有"中门有槐，富贵三代"（据说在家中种三棵槐树就寓意着子孙能位列三公，成为达官贵人）的说法。

为什么有"力"还会穷?

qióng
穷 窮

其实,"穷"字的繁体字中并没有"力"。繁体的"窮"字,"穴"下的"躬"表示身体,想象一个身高五尺的人被迫屈居于一个小洞穴中,是不是很窘困呢?

简化之后的"穷",将"躬"改为"力"。力在穴下,有劲使不出,所以就"穷"了。相反,"富"则上有屋下有田,中间一横寓意安定,"口"则表示人丁兴旺。

"忙"里的"亡"是过劳死的预言吗?

如今生活节奏快,新闻上时不时能看到有人因工作强度过大、连续工作时间过长而"过劳死",令人扼腕。再看看"忙"这个字,不得不佩服造字者用心了——"忙"正是一个"心"加上"亡",这个"亡"简直就像现代人过劳死的预言。

实际上,"忙"里的"亡"字不是指"死亡",而是"丧失""消失"的意思,竖心旁则表示"神志",结合起来就是"神志丧失、不清醒",引申为"因事多分心而无暇顾及条理"。

为什么"二"这个数字和"傻""笨"等意思有关？

文 | 邱妍

"店小二"是不是真的很"二"

在大家的印象中，"二"在许多方言里都跟傻、笨、痴脱不了关系，像"二乎""二蛋""二气"，似乎都不是什么好话。

在古装影视剧中堪称经典的一幕莫过于主角走到一家客栈里，对着店里的伙计大喊一声："小二，拿壶酒来！"

作为古装剧的第一"龙套"，"店小二"总是被"小二""小二"地叫，难道是因为他们很"二"吗？

当然不是！"店小二"这个词里的"二"并没有"傻"的意思，而是用来指代其排位。

在古代，生活在社会底层的普通老百姓一般是没有名字的，只有上了学的才有学名，做了官的才有官名。但是，普通百姓家能够上学或当官的都是极少数，绝大部分没有这个机会。因此，他们的名字多是用行辈或者父母年龄合算一个数目作为称呼。例如，明太祖朱元璋的伯父朱五一和父亲朱五四各生四子，依出生先后排名。朱五一的儿子叫重一、重二、重三、重五；朱五四的儿子叫重四、重六、重七、重八，重八就是朱元璋。

古代饭店、旅店里的伙计，很显然都是下层的老百姓。所以，人们也用数字来代称他们。当家老板是理所当然的"店老大",而下边的伙计们按顺序也就被人们称之为"店小二"了。

不过,大千世界无奇不有,在数字里要比惨也不是没有。

"二百五"这个数字与"二"比起来就有过之而无不及。

它不仅也能用来形容那些说话不正经、办事不认真、行为出尽洋相的人,而且它作为"傻瓜"这一层的含义比它作为数字的本义还有名。

那么,为什么傻子不多不少就是"二百五"呢?

二百五:一个数字骂遍所有傻人

"二百五"似乎是个新词,因为即使翻遍《尔雅》《说文》和《康熙字典》,都找不到它的身影,即便是《辞源》《辞海》也不见它的踪迹。关于"二百五"这个词的来历,一直有很多种说法,莫衷一是。有人说"二百五"其实是牌九里"二板"和"幺五"的简称"二板五",因为它在牌九里是最小的点,所以什么牌也"吃"不了,就像那些什么事都做不好的人;也有人说,古代人以五百两是为"一封"银子,而二百五十两就是"半封",跟"半疯"谐音,所以就用来形容傻子。

实际上"二百五"这个词指的应该的确是"钱数",但与"半吊子"的关系可能更密切些。

bàn diào zi
半吊子

歇后语"半吊子的一半——二百五"出自晚清文人吴趼人所写的《二十年目睹之怪现状》，说的就是那些傻头傻脑的人。

说起来，"半吊子"也是一个有故事的词。古钱币外圆内方，人称"孔方兄"。古人为了方便，就用绳子从孔中把钱串起来，一千枚为"一贯"，又称"一串"，清时还称为"一吊"。而一枚钱是"一个子"，那么五百钱就是"半吊子"。那些知识不丰富、技艺不熟练、举止不沉稳的人，就如同串钱时有始无终，不能串满一样，这才被称为"半吊子"。

所以，作为"半吊子的一半"，"二百五"看起来可比"半吊子"还要不靠谱。

这样看来，"二百五"一词很可能是到清末民初才真正流行起来的。

1913年导演张石川制作了一部电影短片《二百五白相城隍庙》，电影的主角是一个第一次到上海来的农民，名字就叫"二百五"，由于不懂规矩，所以一路上傻气四溢，闹剧不断。

○ 电影《二百五白相城隍庙》

1949年，上海大同电影公司又拍了一部电影叫《二百五小传》，里面的主角袁少楼的性格也是正直憨厚、爱打抱不平。

○ 电影《二百五小传》海报

文艺作品的威力可不容小觑，像俗话里常用的"马大哈"一词，最初也是源于马三立的经典相声《买猴》。所以，经过电影这么一演绎、一推广，"二百五"的说法不胫而走，一下子就流行各地了。

二百五、二五仔，傻傻分不清楚

不过，虽然"二""二百五"的意思都是类似的，但也不要望文生义。像粤语方言地区有一个词叫"二五仔"，同样是用了"二"和"五"，但它的意思与"二百五"可是大相径庭。

相传"二五仔"这个词来自风水学名词"二、五交加必损主"。人有吉凶祸福，因此有了"命运"一说，而房屋的吉凶祸福则被称为"宅运"。

zhái yùn
宅运

宅运有"一白贪狼，二黑巨门，三碧禄存，四碧文曲，五黄廉贞，六白武曲，七赤破军，八白左辅，九紫右弼"的说法。

"二黑"是病符，"五黄"代表五种毒虫，"五黄""二黑"同在一宫，这家的主人必遭殃。所以"二五仔"指的就是背叛主人的内奸。

但也有人说，要懂得这个词的真正内涵，哪里能单单看"二"和"五"啊？要将这两个数字加起来才对。

话说清朝初年，朝廷要彻底消灭"反清复明"的秘密会社，查到少林寺与天地会有千丝万缕关系，就派兵前往剿灭，但问题是少了个少林寺内奸从中接应。而另一边，武功排名第七的少林俗家弟子马宁儿犯下大罪，被逐出山门，因为心怀怨恨引清兵入山，火烧少林寺，所以为时人所不齿，此后就将马宁儿的排行"七"拆分为"五"和"二"，用"二五仔"来指代那些出卖组织的告密者和叛徒。

时至今日，电影里的古惑仔还喜欢把"二五仔可耻，就算死都唔做"这句话挂在嘴边。

所以说，调侃别人之前千万要搞清楚意思，不然一旦用错了，反倒变成自己"二"了！

人类千年噩梦："它"到底是什么？

文 | 史杰鹏

"它"现在是第三人称代词，指代动物。至于人，男的用"他"，女的用"她"，"她"是五四时期由学者刘半农造出来的。

○ 刘半农

古代不管男的女的，都写成"他"，好像和"它"不同，但其实，古代的"他"，早先都是从"它"的，也就是说，"他"应该写成"佗"，后来偏旁"它"才讹变成了"也"。

古人打招呼：碰到"它"没？

但"它"本来是什么意思呢？

东汉学者许慎的《说文解字》解释说："它，虫也。从虫而长，象冤曲垂尾形。上古草居患它，故相问无它乎。"意思是，"它"是一种虫子。上古时代的人，大多没有房子住，都是一家几口挤在山洞里，或者随便在草丛里用树枝搭个窝棚,他们很害怕"它",见了面常常互相惊恐地询问:"今天没有碰到它吧?"

如果穿越到古代,听到这句问候,一定会莫名其妙。其实古人说的"它",不是第三人称代词的"它",而是一种虫子。那么"它"到底是一种什么虫子,以至于让大家如此毛骨悚然呢?

原来"它",乃是"蛇"字的最早写法。

古代的"虫",所指比现在的范围广,它不仅仅指各种昆虫,还包括各种猛兽。《水浒传》里,武松碰到的老虎,就被称为"吊睛白额大虫"。甚至连人,也被称为"裸虫",因为人身上不长毛,也没有鳞片,光秃秃的,好像全裸了一样。但是,"它"的本义,实际上没有"虫"的范围那么广,"它"就是"蛇"的象形字。

●甲骨文"它"

如上图所示,在甲骨文和金文里,"它"就画成"蛇"的形状,身上花纹斑斓,非常可怕。

后来随着文字表达的需要,"它"这个字被借来用作第三人称代词,读作"tā",古人只好另造了一个形声字"蛇"来代替"它",于是我们普通人就看不出它们之间的亲缘关系来了。

为什么古人会用"丑"来做名字?

文 | 文小君

要问古人都有哪些奇葩的姓名——刘嫖、郭女王、邓猛女、姬旦、赵葱、刘蒜……这些千奇百怪的古人姓名简直是"奇葩中的霸王花"。

还有名中带"丑"字的公孙丑、文丑、魏丑夫,他们长得真的很丑吗?

魏丑夫可是战国时期秦宣太后的男宠,也就是电视剧《芈月传》里和黄歇长得一模一样的帅哥,难道芈月会找一个丑八怪做男宠?

原来在古代,丑陋的"丑"和子丑寅卯的"丑"是两个字,意义各不相同。丑陋的"丑"在古代写作"醜"。古人认为鬼是最丑的,所以最早"丑"字是形声字,从鬼,酉声。

用作地支、时辰的"丑"字

地支是指木星轨道被分成的十二个部分。分别是子、丑、寅、卯、辰、巳、午、未、申、酉、戌、亥。丑时又称鸡鸣、荒鸡,是十二时辰的第二个时辰(凌晨1时整至凌晨3时整)。牛在这时候吃完草,准备耕田,"丑牛"这个属相也有可能来源于此。所以牛年或丑时出生的古人更有可能起名带"丑"。

在古代，既有这个"醜"字，也有这个"丑"字，它们本来谁也不挨谁。但在简体字里，繁体的"醜"被简化为"丑"，而繁体原本的"丑"字却维持原来的样子不做变动。两个字变成了一个字，好比一仆二主，怪不得会让活在现代的我们误会了。

　　所以名中带"丑"不是一件值得大惊小怪的事情了。

"毂"还是"彀",傻傻分不清楚

文 | 马伯庸

"毂(gǔ)"这个字,看起来有点复杂古奥,其实离我们的日常生活并不远。

神翻译"毂"

有车的朋友,如果经常去维修厂或4S店的话,肯定会注意到一个词:轮毂(gǔ),有时候会被维修工写成"轮鼓"或者"轮圈"。

这个词的英文是Wheel Hub,指的是从内廓支撑起轮胎的金属部件,并与横轴连接。车的动力传到轮毂上,带动轮胎进行滚动。

到底是谁先把Wheel Hub翻译成"轮毂"已经不可考,但相信一定是位精通中文的高手。这个"毂"字,译得实在恰如其分。

在中国古代,马车车轮的正中央是一块圆木,以圆木为中心伸展出去三十根木辐条,谓之"辐辏",外接车轮的外圈;在圆木的正中还有一个圆孔,可以插入车轴,让车轮与马车主体连接在一起。这块圆木,就叫作"毂",由此可见,"毂"在古代马车上的功能,和现代汽车上的功能差别不大。因为"毂"是马车最重要的部件之一,没有它就不能运转,所以古代经常以"毂"作为一种形容比拟。

比如屈原的《离骚》里："操吴戈兮被犀甲，车错毂兮短兵接。"车子之间的轮毂彼此交错，以形容战况之激烈、交战距离之短。

有时候，干脆用毂来指代车子本身，如《战国策·秦策一》里说："转毂连骑，炫熿于道。"这个"转毂"指的就是马车来回奔驰的样子。

还有一个词，叫作"推毂"，字面意义上似乎是推轮子的意思，引申开来，指的是举荐人才。按照班固的解释，这是因为人才得到举荐，地位得以提高，就好像推着车轮向上轮转一样。

普通的马车，代称为"毂"；而天子的御用马车，则代称为"辇毂"。天子居于京城，出行都乘坐辇毂，所以"辇毂"又变成了京城的一种风雅说法。

说到"辇毂"，还有另外一个有趣的故事。

天下英雄入吾彀中

唐太宗李世民有一次偷偷来到端门，正赶上一群新科进士鱼贯而出，不由高兴地脱口而出："天下英雄皆入吾彀（gòu）中。"

仔细看清楚哦，是"入吾彀中"，不是"入吾毂中"。"彀"字念"够"，"毂"字念"谷"，两个字虽然看起来类似，其实意思是完全不一样的。

"彀"字的本义，是一个人拉满了弓蓄力，随时准备射出箭去，引申为箭靶、圈套、罗网。所以李世民说"入吾彀中"，就是说天下杰出的人才，如今都在我的掌握中啦。

如果哪位引用这个典故时，眼神不好，错把"入吾彀中"写成了"入吾毂中"，这事就错大了。

前面讲了，"毂"代指车，辇毂是皇帝的御车。如果李世民说"入吾毂中"，等于是说天下的英雄，都钻进我的车里来喽。

所以毂（gǔ）和彀（gòu），千万得分清楚，不然是要出大事儿的。

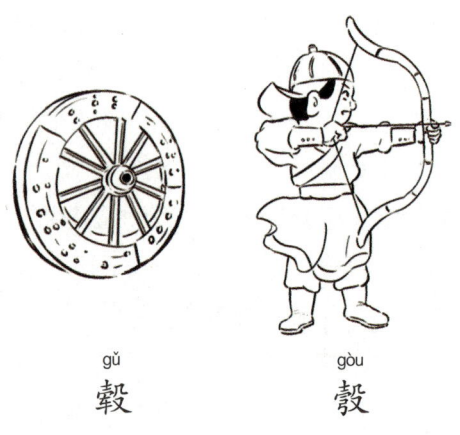

我们两个好区分：

有车的毂，　　　　有弓的是彀，
意思是车毂；　　　意思是使劲拉满弓，
　　　　　　　　　引申为圈套、网罗。

汉字里的 00 后：鲁迅的"猹"，代表女性的"她"

文 | 清洁工

从甲骨文、金文时代至今，汉字已经有了大约三千五百年的历史。在漫长的历史过程中，新汉字，特别是那种具有一定社会性，在语料中反复出现的汉字，其出现的速度呈现出先逐渐加快，又逐渐变慢的趋势。

中古时代是汉字数量增长最快的时期，元代以后则增速减慢。再到民国时期以后，伴随着一次次的文字规范化运动，新汉字出现的趋势近乎停滞。

今天我们就简单列举几个产生于明代以后，比较有代表性的"新字"的例子，让大家认识一下汉字中的新生代吧。

"猹"：或许是最著名的新造字

鲁迅先生的小说《故乡》中有一段经典描述："其间有一个十一二岁的少年，项带银圈，手捏一柄钢叉，向一匹猹用力地刺去。"

书中的注释援引鲁迅先生于 1929 年 5 月 4 日给舒新城的信：

"'猹'字是我据乡下人所说的声音，生造出来的……现在想起来，也许是獾吧。"

的确，我们在古代文献中并没有找到"猹"或其同形字的身影。"猹"就是鲁迅先生自己发明的一个字。

"她"：似非而是的同形字

无论是汉语还是英语，它们的名词系统都很活跃，名词的数量增长很快，而代词的数量相对而言则稳定得多。不过，代词里也有新造字。很多人都知道，古书中的第三人称代词"tā"的写法只有"它"和"他"这两种，而且这两个字在指代词"tā"时基本上是古今字的关系：指的是同一个词，含义、用法没有任何区别。

而做第三人称代词的"她"，以及"他"与"它"在表义上的区别，则是民国时期刘半农仿照印欧语中第三人称代词的性的语法规则而生造出来的。其实，从古至今，汉语中这几个"tā"在语言上始终是同一个词，仅仅在文字写法上有所不同。

不过，如果我们翻开宋代的韵书《集韵》，就会发现其中也有一个"她"字。这是怎么回事呢？

○述古堂影印宋本《集韵》书影

原来，宋代的"她"读 chí，是一个女子人名用字，跟现代的"她"只是恰巧长得一样，但所指完全没有关系，是两个不同的字。

"怹"：代词的故事还没讲完

代词里的新造字还不止"她"一个。"你"有个敬称叫"您"，而"tā"也有个敬称叫"tān"，写成汉字是"怹"。这个词只在老北京话等方言中存在，字也是民国以后才出现的字。下次再看老舍先生的《龙须沟》时，可不要不会读啦。

"甭"：方言用字也创新

说到方言，它可是个近代造字现象的高发区。"甭"是一个方言词，无论字形还是词义都是"不用"的结合。这个字也产生于民国左右。不过，古代也有一个跟"甭"长得一模一样，但其实毫无关系的同形字。那个字你可能想不到，其实是"弃"的异体字。

"俩""仨"：意料之外的合音词

"俩""仨"最初流行于北方，但是现在有进入共同语的趋势，已经不太算方言了。这两个汉字最早产生于清代。它们和"甭"一样也是合音词。经过语言学家们考证，"俩"和"仨"其实分别是"两个"和"三个"的合音。这也就解释了它们后面为什么不能再带量词"个"。

不过，这个表示"两个"的"俩"还有个同形字，而且还挺常用。这两个字的读音、意义都完全不同，仅仅是写法上偶然一样，即"伎俩"的"俩"。

"瘪"：异体字的春天？

汉字中除了我们刚才提过的长得一模一样，但其实毫无关系的"同形字"，也有音、义一模一样，但是写法不一样的"异体字"。如"瘪"有三个读音，分别读一声、三声和四声。这个字在明代以"瘪"字的异体字的形式出现，但是不久后却产生了专属于自己的义项，从此从"瘪"中独立出来。

几百年后的今天，"瘪"已经成为了常用字，反而"瘪"字这个本字变得少见了。

"氢""锂""碘"：新造化学字

前面讲的新造字都是一个个造，小打小闹，不成规模。但伴随着现代化学的传入，中国学者一度非常热衷于大规模地给化学用字发明新字。

据统计，晚清以来，中国人造的化学专用字有近百个，是这一时期新造字现象中最重要的一种情况。难怪鲁迅先生在《门外文谈》上面抱怨："现在最会造字的是中国化学家。"

为什么夸人厉害说"棒",而不是"棍"?

文 | 豆子

现在的互联网,新的表达形式简直是花样迭出,上世纪八九十年代出生的人,或许都跟不上形势了。譬如,你发布了一条信息,说自己玩游戏居然打通关了。也许会出现这样的留言:那你真的很棒棒哦!

很多同学疑惑,"那你真的很棒棒哦"究竟是怎么来的?但在疑惑这个问题的同时,让我们先探究一下,为什么夸人会说"很棒"?

"棒"什么时候成了夸人的字?

我们都知道,"棒"原本只是"棍棒"的意思,什么时候成了夸人的字了呢?我们看"棒"的本字,它是这样写的:

bàng

柈

和"棒"相似的,有一个"蚌"字。它们都是丰肥之物的意思,"蚌"是丰肥的虫,就是河蚌。"棒"是丰肥之木,就是粗长的棒子。

到了青铜和铁器时代,棒子就不光是木质的了。铜棒和铁棒都有可能已经出现。古代也有"棒棒",如《北史》:"魏氏旧制,中丞出,清道,与皇太子分路行,王公皆遥住车,去牛,顿轭于地,以待中丞过。其或迟违,则赤棒棒之。"说的是中丞大人很重视体统,他出门就要清道。公子王孙都要遥遥停下车马待其过去,倘有违迟的,一定"棒棒之"。意指"用棒子使劲揍",前面的是名词,表示"棒子";后面的是动词,表示"棒打"。

很明显,这个"棒棒"和现在用的"棒棒哒"是两回事。那么,夸人的"棒"是怎么来的呢?

有人讲,是从台湾传入大陆的,从棒球运动里来的。还有人说,是从法语中 bon(好)这个词出来的。其实都不是。和"挺"一样,"棒"用于表示"很好"这层含义,虽然出现较晚,但也是"国产的"。

我们看《忠义水浒传》,里面写道:"只见墙缺边,立一个官人,豹头环眼,燕颔虎须,八尺身材,三十四五年纪。喝彩曰:'使得好棒!'泼皮曰:'教师喝彩,必是好棒。'"

所以我猜测,在古代,人们为卖艺耍棒的艺人叫好,就喊"好棒"。到清代,人们已经真正夸一个人勇武,就说:"这人是棒!""是好棒"和"是棒",夸人孔武有力,明代尚且是"会舞刀弄棒"的意思,到清代已经有单指"人体格好"的意思了。

老北京夸人,说"这小伙子真棒势"。有人说"棒势"是满语"巴克什"里出来的,这不对。"巴克什"是学者的意思,跟"棒势"完全是两回事。我们都知道"去势"一词,意思是"割去生殖器"。"势"就是"生殖器"的意思。那么,"棒势"的意思,也就不难理解了,是指男人在性方面很厉害的意思。当然,我们还可以认为这是古代的"像会耍棒的好把式""身体非常强健"的意思。如丁玲《杜晚春》:"上山伐木,野外刈草,取石开渠,这些都是只有被挑选出来的年轻棒小伙子,才能争得的鏖战权力。"和夸一个年轻人"真猛",是一样的。

到清末民国时期,北京及附近地区的"棒",就纯粹成了夸人的词。如民国《申报》中,有"真棒!真棒!这才不愧是一个老手!"这样的话。

我敢打赌，这些字就是生僻字

文 | 芊雨镇

汉字文化生动有趣，有些字乍一看以为常见，却不知道自己已经看走了眼。下面这些汉字，看似熟悉，但它们却是如假包换的生僻字。

要用显微镜，才能看出这些字的区别

fú

某天一个女生拿着《说文》上的一句"天子朱市，诸侯赤市"问文字君怎么读。文字君看了一眼，完全不知道难读在哪里。后来才发现，原来那不是"市"而是"巿"啊！

"天子朱市，诸侯赤市"里的"巿"是古代的一种祭服，也作"韨"。这一句其实说的是古代贵族们祭祀时的着装规范。

jǐ

这个字乍一看，常被人误认为是"改正"的"改"，当然不是，它指的是一代妖妃妲己。

其实苏妲己是苏氏之女,因为苏氏以九尾狐为图腾,《封神演义》便把她写成千年狐狸精了:"诸侯之女承恩露,玉帛金丝绣华服。娇若九重天仙子,实为殷商亡国狐。"

mò

妺

没想到,"妹妹"还有个能以假乱真的"妺妹"。只是"妹"是上短下长,"妺"是上长下短罢了。

这个"妺"可不是"妹",它的来头可大了,它是夏王桀的宠妃妺喜的名字。

《国语》有道:"昔夏桀伐有施,有施人以妺喜女焉,妺喜有宠,于是乎与伊尹比而亡夏。"

夏桀征讨有施氏,有施氏没法子只能用美人计,送了妺喜给夏桀,却不想夏桀身为君王荒淫无度,最后夏因为妺喜和伊尹而亡。

xìn

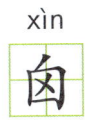

看见"囟"字,一般人都会以为是"卤肉"的"卤",但又认错了。"囟"虽然长得跟"卤"很像,但它其实是指婴儿头顶骨未合缝的地方,也称为"囟脑门儿"。

zā

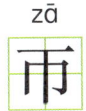

帀,乍一看还以为是"币"。但辨别的关键在于"眉"

毛的形状不同。"帀"是"一脸囧样的八字眉",而"帀"则是时下"最流行的韩式粗平眉"。

帀,最早是古人做礼物的丝织品,所以后来引申为交换各种商品的媒介;而"帀",《说文》里说:"帀,周也。从反之而帀也。"这个字跟"匝"是一个意思,表示环绕一圈或者次数。

多一点少一点,意思完全不同

qíng

夝

这个字常会被误认为"姓",或是"牪",然而却两者皆非。它的部首既不是"女"也不是"牛",而是"夕"。

"姓"以"女"为偏旁是上古时期母系社会的象征,"牪"用牛字旁则与古代献祭多用牛等牲畜有关。那么以"夕"为部首的"夝"又是什么意思呢?

古时将夜晚称作"夕",所以"夕"作为部首时一般用来表示与时间、夜晚或夜晚的活动有关的事物。《说文》对"夝"的解释是:"雨而夜除星见也。"夜间雨停了,星星出现了,天就放晴了。而《正字通》则认为这个字是"霁之通称,昼夜皆然",并不局限于夜晚。

但有一点是没有疑问的,"夝"和天空有着逃不掉的关系,它表示的就是天空万里无云或者云很少的大晴天。

jiǎ　xiá

徦

"徦"的外貌和读音都接近"假",但它们的意思却相差甚远。"徦"既可以表示"到、至",又可以表示"来",还可以是某个人的姓氏。读作"xiá"时则通"遐",解释为"遥远"。

kǔn

壼

"壶"是液体的容器,而多盖了一横的"壼"意义也变得更加封闭了。"壼",本义是官中的道路,借此指宫内,引申为内宫,现在也泛指古代妇女住的内室。

壼闱,是古代后妃们居住的地方。壼政,就是家政或宫内事务。女孩子还可以把自己的闺房叫作"壼闱"。总之,"壼"和妇女有关。于思仟写的《高妇于节烈传》就提到:"至壼以外事绝口不问。"

虽然"壶"与"壼"的意思乍一看相差很远,但本质上是相似的。只不过"壶"是物的容器,"壼"是人的容器罢了。

tián

届

"届"跟"届"长得就像双胞胎,但因为"届"肚子里的"由"字变成胖胖的"田"字,读音就从"田"了。

"届",是穴的意思。

tóng

"疼"没了两点变成"庝",是指房屋的深处、最里边。"冬"象征着终点,源自一年四季以冬季为尽头。"冬"与表示房屋或场所的"广"结合起来就是"房屋的深处",后来引申为深屋。

"庝"还可以表示屋内发出的声音。

yuē

"甲"单字意为取物。但它常常与"由"一起以组合的形象出现,可以写作"由甲"(yóu yuē),也可以倒过来写成"甲由",两个词意思是一样的,都是指蟑螂。

其实在《尔雅》里,蟑螂叫香娘子、负盛,《本草纲目》里则叫石姜、滑虫。比起"由甲",似乎这些名字更好听。

máng méng
páng lóng

龙

"尨"字虽然比"龙"多了两撇,却远远没有龙那么尊贵。"尨"的本义是多毛的狗,读作máng。诗经《野有死麕》中写怀春男女野外相会就有一句"无使尨也吠"。"尨"也作"杂色"解,例如"衣之尨服"就是穿杂色的衣服的意思。

读 méng 的时候表示"蓬乱的样子"。还有一个读 páng 的音,则是因为古时"尨"通"庞",意为高大。柳宗元在《三戒·黔之驴》写道："虎见之，尨然大物也。"

最后，它还能读作 lóng，发这个音的时候，它的意思跟"龙"一样。

mài
壳

粗看之下，会以为这是"贝壳"的"壳"，其实不是。不过这个字跟贝壳有点关系。最早的时候人们是用贝壳作为货币来交易的，而这个"壳"字的意思在古代跟"卖"一样，是销售的意思。

不过，现在中国几乎不用这个生僻字了，大概是怕和"壳"混淆了吧。但日本还保留着，所以去日本买东西，看到"并壳商品"可不要以为是在卖海鲜，其实就是几件商品一起卖的意思。

quān juàn

"养"长得既像偷工减料的"券"，又像是画蛇添足的"乔"。实际意思跟这两个字大相径庭。

当它读 quān 时是饭的意思，而读 juàn 时则是抟（tuán）饭的意思，也就是捏饭成团。

《礼记》里写道："共食不饱，共饭不泽手。毋抟饭，毋放饭，毋流歠，毋咤食，毋啮骨，毋反鱼肉，毋投与狗骨，毋固获，毋扬饭。"

这段是教育我们要珍惜粮食。有心的人，珍惜粮食，也可以从了解这个和粮食息息相关的"养"开始。

这些字真不是"山寨货",只是长得有点怪!

文 | 李玟

有些字看起来的确像是常用字的山寨版,但它们百分之百不是错别字,稍微不注意,你可能就看错了。

丼:多一点更美味噢!

jǐng

丼

在日本料理店的菜单里,常常能看到"丼"这个字,说起来,它还真的不是错别字。

● "亲子丼"是指以鸡蛋和鸡肉为主料的饭

"丼"其实是对日本料理"丼物"的简称,日文发音为"donburi",假如跟在名词之后则减省尾后读音,读作"don",例如"亲子丼"就是"oyadon"。

不过,这个字并非日本的自创字,也不是错别字,而是正宗的汉字。

"丼"在中文里有两种读音,含义都与"井"有关。《说文》里称"丼,八家为一井,象构韩形",认为"丼"是"井"字的初形,读音也与之相同,读作"jǐng"。

《集韵》则认为这是个拟声字,表示的是"投物井中声",读作dǎn"。即小石块掉入深井的声音。后来,这个字被引入日本,因为觉得中间那一点象征了"井"的深度,所以就被用作"どんぶり"(比碗更深的陶制钵)的中文写法。

○ "丼"的甲骨文字形

"丼钵"是盛装饭或面的食具,而"丼物"则是指在一碗饭上浇盖各式食材的日本民间料理,相当于盖浇饭。

不过要特别注意的是,因为"丼"字本身就已经有"饭"的意思了,所以说店家虽然没有写错字,但"鳗鱼丼饭"的说法也是不准确的,正确的打开方式应该是"鳗鱼丼"。

○ 鳗鱼丼

玊：定位真的很重要

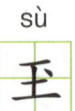
sù

"玉"字大家都认识，广义上来说，所有美石都可以称为玉。但是如果有人告诉你，他有一块"玊"，你第一反应是不是很像看家里贴倒了的"福"字一样，想把这个字上下翻转过来看？

其实，这可能不是被弄反了，而是一个懂点古汉语的人在掉书袋呢！因为"玊"并不是写倒了的"玉"，而是有疵点的玉！

○玉器

"玉"和"玊"都是把"王"与"丶"联合起来，如果"丶"在王字右下部就表示"腰部佩挂的玉饰"，但如果"丶"位居王字右上部，则表示"在手、肘部琢玉"，既是不完美的玉，也指琢玉的工人。又因为古代人喜欢把职业当作姓氏，变成家族生意，像"庖丁"之类的，所以"玊"还是一个姓氏。后汉时就有一个叫玊况的人，但他的职业是太守。

你看，只是因为一个点的位置不同，"玉"是美玉，

"王"就只能当有疵点的玉了。

囙：这真不是写歪的回

yīn

"囙"这个字，乍一看，你会感觉是个被写歪了的"回"字。但它真不是错别字，也不是被写歪了。而且"囙"和"回"虽然长得像，但这俩字在意思上可是相差甚远。

其实，"囙"这个字是一个不太常见的生僻字。在古汉语中，其读音与意思都与"因为"的"因"相同。

另：武力和蛮力的差距

lìng guǎ

另

"另"怎么看都像是"另外"的"另"字。但拿放大镜一看，这个"另"字，"口"下面是一把"刀"。

这个"另"字虽然长得有点"残缺"，但读音和意义却比"另"还多。

当"另"读作 guǎ 时，在古汉语中同"剐"。这下你知道"口"下面为什么放了一把刀子了吧？

但它还有另外一个读音，当"另"读作 lìng 时，不仅读音与"另"相同，意思也非常相似，指"分居"或"割开"，它带的那把"刀"就是用来割裂双方，然后另起炉灶的。

乜：不是"也"，是表情

niè miē

"唔知你讲乜"这句话，大概就算不会讲粤语，只要看过香港电影或者电视剧的人都听过吧？其中这个"乜"字跟"也"字只有一竖之差，这可不是错别字。

"乜"也是个传统汉字，只不过这个字现在基本只在方言中活跃了。虽然是生僻字，但"乜"的意思可比

"也"还丰富呢！它读作 niè 的时候是一种姓氏。而读作 miē 的时候，具体意思则要视语境而定。

在粤语中"乜"相当于普通话中的"什么"，"唔知你讲乜"就是"不知道你在说什么"的意思。

"乜"还是个演技派，可以形容眼睛因困倦而眯成一条缝，或半眯着眼睛表示不满意或者看不起的神情，例如"乜斜着眼睛"。

除此之外，"乜"还可以形容痴呆，例如"乜乜些些"（也作"乜乜斜斜"）就是痴痴呆呆的样子。如《西游记》第六一回："（牛王）将身一变，变作一只香獐，乜乜些些，在崖前吃草。"

坴：土到掉渣了

tǔ

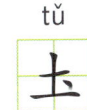

如果说把"井"加一点是锦上添花，变成了美味的盖浇饭"丼"。那么在"土"上加一点变成"坴"，会变成什么意思呢？意思和读音都没有变化，还是读 tǔ，两字相通。

"坴"字最基本的意思，就是地面上的泥沙混合物。从而引申出疆土、本土等意思，例如我们常说的"土方子"就是用的这个意思。

它还与"洋"相对，像"土气"对应"洋气"，常被用来指不合潮流，比如说人"老土"等。

夲：书法家最爱写的"错别字"

tāo

"夲"这个字，还好它是一个比较"小众"的字，如果在日常生活中常见，遇上写字太潦草的人，根本就不能把它跟"本"字区分开了。

但是很多人在写书法的时候干脆直接把"夲"当成"本"来用了呀，难道是不信汉语里真有"夲"这个字的存在吗？

○ 书法中的"夲"字

其实，看过电视剧《神医大道公》的人可能会认得这个"夲"字，因为我国古代神话中，神医大道公在人间的姓名即为"吴夲（tāo）"。而"夲"这个字读作 tāo 时，它意为快速前进，例如"左视右顾，莫得而夲"。

但是，由于大书法家们在写行书时喜欢以"夲"为"本"，"夲"这个字居然真有了 běn 这个读音，用这个读音时意思也变得跟"本"一模一样。

孑孓:"强迫症患者"的克星

jié　jué

"孑孓"这个词,简直就是"强迫症患者"的噩梦,连续两个看起来像"子"的汉字,但偏偏中间那一横不是歪左就是偏右。

拆开来看两个字读音意义都不一样,"孑"字常常被用来表示孤独,比如"孑然一身""茕茕孑立"之类。除此之外,它还有"小"的意思,比如"孑义"就是指小仁小义的意思。

而"孓"字就简单许多,一般只用于"孑孓"这个词,就像"孑"字的跟屁虫似的。不过,"孑孓"还真跟虫子有点联系,指的就是蚊子的幼虫。孑孓是蚊子由卵成长至成虫的中间阶段,它们生活在水中,游泳时身体一屈一伸,看起来就像在翻跟头,所以还有个有趣的别名叫"跟头虫"。

盘点了这么多神似错别字的汉字,我们也更能理解汉字的千变万化,一个偏旁的小改变,就是两个含义相差甚远的汉字。所以我们在学习汉字时,不仅需要好记性,也需要好眼力。

全国最难读的14个地名出炉，你早晚都躲不过！

文 | 曾子

每年的各大假期，相信许多喜欢旅游的朋友都会在这个难得的休息时间到全国各地的风景名胜吃喝玩乐一番。

俗话说"读万卷书，行万里路"。出门旅行不仅放松心情，体验当地的风土人情，说不定还能提高语文读写水平呢。

盱眙、猇亭、邛崃……念半边绝对错

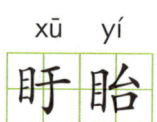

xū yí
盱眙

"于""台"分别加上目字旁，就成为"盱""眙"，正确的念法是xū yí。盱眙位于江苏省淮安市境内，历史悠久，秦朝时就设置了县级区划。

○ 盱眙明祖陵

第一次接触难免不了解读音，但从字形上很快就能猜到"盱眙"与眼睛有关。古语中张目为"盱"，举目为"眙"，因为早先县城选址定在山上，远方景色尽收眼底，所以称此地为盱眙。

xiāo tíng
猇 亭

猇亭（xiāo tíng）坐落于湖北省宜昌市。"猇"字虽然与"虎"不同音，但和虎的关系非常密切，形容猛虎令人颤抖的怒吼声。

猇亭虽小，在历史上它却曾改变了中国。"猇亭之战"是三国时期的三大战役之一，此役之后，三国鼎立的局势稳定了四十年。

○ 猇亭景色

qióng lái
邛崃

　　邛崃（qióng lái）在成都市地界，古称临邛。这里的"邛"是指曾经生活在四川境内的一支少数民族。蜀地还有邛水、邛崃山等自然山川，其名称有可能均出于邛族。

●邛崃天台山一瞥

　　邛崃不仅有山有水有古城，也是千年以来中国的一大爱情圣地。汉朝司马相如和卓文君的爱情故事就发生在邛崃。

lù piǎo
禄脿

　　禄脿（lù piǎo）是云南省安宁市西北的一处小镇，这里几百年前就是西南往来的交通要道，明清时曾在当地设置巡检司。

　　按照一般念法，脿并无 piǎo 的读音，其实这个念法是由彝族话转变而来的。

kān tuǎn

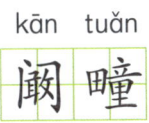

阚疃（kān tuǎn）镇属于安徽省立辛县，据说"阚疃"的称呼因人名而来。

《三国演义》最敬业"快递员"，苦肉计中向曹操送去诈降书的阚泽在兵荒马乱之际列出一份名单，名单上都是战争孤儿，他带领这些孤儿开垦荒地，自己动手丰衣足食，一大批祖国未来的花朵得以保护。

"疃"可表示田舍周围的地方，多用于村庄名字，而阚泽在此收留儿童，有"田"有"童"即为"疃"。为了纪念阚泽的功绩，后人便将阚泽开荒之地叫作阚疃。

kū lüè

我国北方的一些省份，有好几个叫作"圐圙"的地方。"圐圙"的常见读音念 kū lüè。

○ 位于内蒙古自治区乌兰察布市凉城县的樊家圐圙车站

这个词是蒙古族与中原交流的产物。据研究，"圐圙"早先最可能由汉语借到蒙语中去，后来又自蒙古族地区传播至中原。蒙语中指将草场四周围起来,有时就译为"库仑"。后来,"圐圙"还衍生出圆圈、蜷起来等意思,比如山西就有一种叫作"圐圙"的面食。

上文的这些地名,很多比常用字整整多了一个部首,自然难读。那么,下面这处地名的生僻字,就加了一笔,你认识不认识?

lù zhí
甪直

甪直是苏州地区的古镇,"用"字上加一撇读 lù。当地的水港流往六个方向,所以叫作"六直"。

○甪直风景

另外,相传日行一万八千里的神兽甪端到地方视察工作,经过了风光秀丽、适合养老的六直,就在此地定居。当地方言"甪""六"同音,"六直"便成了"甪直"。

冠豸山、亳州……别读成相似字了

guàn zhài shān
冠豸山

福建省连城县的冠豸山（guàn zhài shān），在省内颇有名气。说来也不足为奇，冠豸山与甪直的情况类似，名字与古代的神兽有着不解之缘，甪直有甪端，冠豸山的吉祥物则是獬豸（xiè zhì）。獬豸长得一身正气，是兽界的包青天。它明辨黑白，若两人对簿公堂，獬豸一眼就能认出孰是孰非。

○ 獬豸

"豸"在《现代汉语词典》中原本只有 zhì 的读音，但福建当地群众对于此山读音为冠豸（zhài）山已成历史沿革，所以 2005 年民政部、教育部、国家语委联合批准此山的拼音可以是 guàn zhài shān。

bó zhōu
亳州

亳州地区在春秋时便由陈国设焦邑，楚国灭陈之后相当长的一段时间内，都以"谯"为名。

上古时期，从帝喾到商汤，均建都于亳，有"三亳"

之说。到了北周年间，为了纪念三亳之一的古都南亳，就改名为亳州，其地位相当于现代的"南京"。

○ 帝喾画像

焉耆、扎尕那……这些地名真难读

yān qí
焉耆

焉耆（yān qí）位于新疆境内。焉耆承袭了古代的西域地名，早在汉朝，焉耆古国和中原王朝就曾有过交流，是西域诸国之一。

焉耆是沟通古今中西陆上交通的一大重镇。玄奘在去西天取经途中便路过这里，还留下了文字记录。据说《西游记》中遭到唐僧师徒干预高层政变的乌鸡国，就是以焉耆为原型的。

○ 焉耆霍拉山美景

扎尕那
_{zhā gǎ nà}

甘肃省迭部县一带的扎尕那，是当地著名的自然风景区。在藏语中，"扎尕那"意为石箱子。顾名思义，扎尕那是群山环抱的栖息地。而"迭部"则是大拇指的意思，传说神仙在这里大手一挥，就出现了个世外桃源。

○人间仙境扎尕那

歙县
_{shè xiàn}

"歙"比较难念，它是由几个小字"搭帮"组合而成的多音字，有时念 xī，有时念 shè。在指代地名安徽歙县时，念 shè。

据史料记载，歙县以南有一条叫作歙浦的河流，县城依水而居，因此得名。另一种说法则认为，歙从翕，表示聚合之意，诸多河流于此处汇聚新安江，是个招山引水的风水宝地。

汉字真奇妙

镆铘岛

山东半岛东部,有一座镆铘(mò yé)岛。镆铘又可称为莫邪,是古代干将、莫邪传说的主人公。

在吴国的传说中,吴王阖闾非常喜欢宝剑,命令本国最厉害的造剑师干将铸剑。干将采五山之铁精、六合之金英,再融入特别的配方——夫人莫邪的秀发,炼就了日月神剑,雄剑称干将,雌剑则为莫邪。

○干将、莫邪仿制品

所以,镆铘是中国古代著名的大宝剑,而镆铘岛,就像一把利剑踏上征途,径直插入前方的星辰大海。

○镇锪岛风光

xǔ　shù　guān
浒墅关

浒字为何念 xǔ？还得从浒墅关命运多舛的改名史讲起。传说秦始皇为了获得举世闻名的吴国大宝剑，动土挖开了吴王阖闾之墓。取剑过程中，跑来一只白虎在施工现场阻挠拆迁。

皇帝一怒之下率领拆迁大部队狂追老虎，转眼就飙了二十五里地，追至一处地裂为池的位置才不见老虎踪影，故称此地为虎疁（liú）。

到了唐朝，因为李家老太爷、高祖李渊的爷爷叫作李虎，"虎"字就成了敏感词，各地名称需要有所避讳。

好不容易熬过了唐朝，紧接着的吴越开国领袖叫钱镠，"疁""镠"同音（现代读音为 liú），"疁"字又成了敏感词。

○钱镠

虎嚵生不逢时，两次改名，就变成了浒墅。

那为什么念"xǔ"呢？民间热传的说法是热爱江南自由行的乾隆皇帝经过当地，对浒墅关热火朝天的风景区建设双手点赞，不禁脱口而出"好一个许墅关"。"龙"言既出，"万"马难追，底下人也就跟着"许"来"许"去了。

不过，在民间故事中，乾隆似乎喜欢到处抬"浒"字的杠。因为江苏浒浦和江西浒湾，也流淌着乾隆"好一个许浦""好一个许湾"的动人传说。而这些传说的真实性，就不得而知了。不过既然当地人都这样读，我们就只好自然而然地从俗了。

不按套路出牌的汉字，读音奇葩到离谱

文 | 千里

中国语言之复杂，不仅在方言众多，更在于漫长的历史演进中语音整体的变迁。所以我们读唐宋诗，会发现有时押韵，有时不押韵，再读《诗经》，就往往不押韵。

先秦语音和汉宋不同，元明语音又和当今不同。这么一说，读书的时候偶尔碰到两个读音奇怪的汉字，本是很正常的事。

wǔ yún
伍 员

如果你不知道"伍员"，那你一定知道伍子胥。伍子胥，爱听戏的人肯定了解：他本来是楚国人，父亲被昏庸的楚王杀害以后，逃到吴国去，最终说服吴王，和兵圣孙武一起打回楚国，在郢都刨开已经死掉的楚王的坟墓，亲自鞭尸！

他名字中的这个"员"，特别有迷惑性。如果有人说"员只有 yuán 这个读音"，你就能拿伍子胥的名字当作反例：这个字也念 yún。再举例子：勋、埙、陨、损、殒、郧，你看哪个韵母是发 an 的音的？都是 ün 音，多好的旁证。

tǔ yù hún
吐 谷 浑

这是一道典型的西北地理题,又是地名,又是少数民族语言,所以读音怪一点,也是能理解的。

吐谷浑是个国名,鲜卑人慕容部族建立的(就是《天龙八部》里慕容复的那个慕容部)西北国家,后来日渐没落,今天青海一带的土族就是他们的后代。

大宛也是个国名,位置大约在今天乌兹别克斯坦。汉代时候,武帝派张骞凿空西域,第一站就到了这里。大宛的"宛"很容易错读成 wǎn,大宛又产马,所以动不动就有人说"大碗马""大碗马",但是这种读法是不对的。

大月氏是一个曾居住在中国西北部的少数民族所建立的国家,恰在大宛国西南位置。

大月氏在中亚是个挺惨的角色,一开始被匈奴一再欺负,搬了好几次家,连国王的人头都被匈奴摘走当了酒杯用。后来又被乌孙复仇,于是国家一再南迁。但不是有句话叫作"否极泰来"吗?老走背运,总能扳回一局来。后来,他们的后代一手创造了贵霜帝国——欧亚四大强国之一。

这里面,"月"的本字其实是"肉"字的古体。今天汉字里的月字旁,就是肉的意思。"氏"在古代,就读作"支",所以古代也有人把"月氏"翻译成"月支"的。

费宰 （bì zǎi）

"费"也是个地名，约在今天山东济宁市内，在春秋时期是鲁国的地盘。《论语》里提到过孔子的弟子有在这里做过费邑的长官（费宰）。

前面我们说过，汉字的古音和现在会有不同，但是有多不同，怎么不同？

比如，白居易《琵琶行》里"家在虾（há）蟆陵下住"，"虾"在今天就读 xiā。

○ 白居易《琵琶行》

再比如，《周易》里的伏（fú）羲氏，你翻书的时候就会发现：有些地方有包（bāo）羲氏，还有个庖（páo）牺氏，就是找不到伏羲氏。是书写错了吗？其实在古代，"伏"就是"包"，"伏"就是"庖"，是同音。所以，同理，今天的"费"（fèi），就是古代的 bì。

祭仲 （zhài zhòng）

"祭"这个字估计没几个人不认识，但恐怕知道它是个多音字的人不多。祭仲是春秋时郑国的一位名臣，辅佐当时大名鼎鼎的郑庄公。我们总说春秋五霸：齐桓、晋文、宋襄、秦穆、楚庄，但其实郑庄公当时也有过风头正盛的辉煌时刻，后世称为"庄公小霸"。

祭（zhài），其实是个国家名，后来其后代就用国名作为氏族的姓氏，才有了"祭仲"这样的称呼。

"盖公"的意思就是姓盖的老头子。听着好像是个挺普通的称呼，但历史上特指的是一位学术泰斗。

汉朝初年，大丞相萧何去世，曹参继任后就请齐国精通黄老之术的大师盖公出山，拜他为老师。如此一路奉行清净自治的国策，发展到后来，就是极为著名的"文景之治"。

这是个人名，而且还是个读音非常奇怪的人名。

金日䃅是汉武帝身边非常受信任的匈奴降臣，曾经阻止叛臣刺杀汉武帝，并受遗诏，和霍光一起辅佐幼年的汉昭帝。以一个异族、敌国之臣的身份，能做到这个地步，可以说是前无古人了。

这名字里，最惹眼的就是"日"字的读音了，连查字典都查不到 mì 这个音。而且，不仅大家搞不清，连学者都一团糊涂。

有人认为，这就是一种变音，从汉代开始就这么读；也有人说，古代"日"字就读作 mì，比如汨罗江；而且很多方言如宁波、定海方言，包括粤语，都把"日"读作"密"的音……但几种说法都缺乏确凿的证据。

cáo dà gū
曹大家

有个成语叫大方之家，或者形容某人了不起，就叫他"大家"。不管怎么说，"家"都没有念作 gū 的。但表示特定人名时，用的是古音，就读 gū。

曹大家其实就是班昭，班昭就是班固的妹妹。《汉书》大家肯定听说过，我们今天都说班固写了《汉书》，其实不完全是这样。

《汉书》的原型来自班固的父亲班彪，他的父亲生前就已经写了《史记后传》六十五篇，他是子承父业，后来他六十一岁死在狱中，就是他的才女妹妹班昭接着写《汉书》。

可惜曹大家是女儿身，否则在当时，凭借她的学识，可以轻轻松松名扬海外。

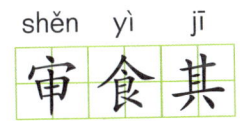
shěn yì jī
审食其

"审食其"是秦汉时候的人名。看到这个名字难免觉得奇怪——为什么给孩子起这个名呢？

其实，在这一点上，中国人和外国人有点儿像：外国人的儿子可以取父亲的名，体现一种继承；中国人虽不会这样，但会把自己偶像的名字拿来用，表示标榜和追随。

比如前面提到的"金日䃅"，后人就有叫马日䃅的；

先秦有蔺相如，汉代就有文学家叫司马相如。

秦汉之际的审食其，还有同时代的著名游说之士郦食其，名字都是从战国名士司马食其处学来的。"食"读作 yì，是在人名中才会有的读音。

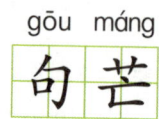

句芒是古代神话里的东方木神。中国哲学思想史中，有一大"特产"就是五行说——东南西北中，金木水火土，酸甜苦辣咸，这些都能对应起来。这个句芒对应的就是东方、春天、青色……在农业生产方面，是很重要的一个角色。

"句"是"勾"的本字，在古时候是没有"勾"这个字形的，所以"句"就是 gōu。而后世，两个字在一些情况下仍可以互用。比如勾践，就经常被写成句践；鉤，就等于鈎。

有人可能会觉得，这些乱七八糟的读音很麻烦。多音字的存在，的确会对我们使用语言文字造成一定的困难，而某些外语由于是拼音文字，就不存在这类问题。

但是，反过来说，多音字是统一文字所造成的副产品，而文字的统一恰恰是维护中华民族团结、保证国家领土不分裂的"大功臣"。西方的拼音文字，正由于长久以来的语音变迁，竟至于"读得出古语，却不知道意思"的凄惨地步。从这个角度来说，他们恐怕还要羡慕我们中国的多音字呢。

看着汉字，也能流口水！

文 | 豆子，人民艺术家

吃，是人一生中最重要的事之一。在汉字中，有很多字与吃有关，是"吃货"专用字。下面就来认识几个和吃有关的字吧！

入门级吃货版：啖、饕餮、酢

dàn

啖，意思是吃或给人吃。经过"吃货"苏轼"日啖荔枝三百颗，不辞长作岭南人"的宣传，这个字已经不生僻了。苏东坡当时罹患痔疮，并且因体质湿热不戒酒，病情越发严重，于是只得立下"绝不吃零食"的誓言。但没想到本应忌口的他，在面对荔枝时，马上就"破戒"了。

至今在很多地区的方言里，"啖"还是吃的意思，如山东话"啖净"，就是"吃干净了"的意思；广东话"揾啖食"，就是"找好吃的""谋生计"的意思。但在普通话的口语中，"啖"却不怎么用了。

tāo tiè
饕 餮

饕餮,有人说是龙子,也有人说是龙的孙子。其形如羊身人面,眼在腋下,虎齿人手,大头大嘴。性格贪婪,好吃东西,故而人们把美食家称作"老饕"。我们看"饕"这个字,就是"一只虎叫唤着扑向猎物,食之"的意思。

而"餮"的上半部分,是"暴殄天物"的"殄",有"三光""干净""尽"的意思,下面是"食",合起来就是"吃个精光"。

苏轼有《老饕赋》:"烂樱珠之煎蜜,灎杏酪之蒸羔。蛤半熟而含酒,蟹微生而带糟。"体现了一名"吃货"对于美食的鉴赏能力。

cù
酢

这是"醋"的原写法,但当它是酒器的时候,念 zuò。资料表明,南北朝人民已会各种醋熘了。《齐民要术》记载:"蝉脯菹法:'捶之,火炙令熟。细擘,下酢。'"意思是醋熘金蝉的做法:捶扁蟪蟟龟,烤熟,掰碎,放醋。

炙鱼也很好吃,用白鱼细切,姜、橘、椒、葱、胡芹、小蒜细切段,盐、豉、酢和,以渍鱼。其味鲜美无比!

zhǎ

乍一看，这个字很像"酢"，然而是另外一种东西。鲊，指按照一定工艺，腌制发酵而成。这种做法汉代已经流行，后来的做法更是高超。新鲤鱼，去鳞切条，使有鱼皮，洗净撒白盐，笼中逐水，各色调料、好酒腌制，便成一"鲊"，可随吃随取。

tēng

这是北方常用语，熥，就是对食物进行加热。比如，"把那个馒头熥一熥！"可以贴着炉子，也可以直接用锅。凉了，就要"熥"。这个字是口语中的常用字，书面上的生僻字。

liū

也写成"溜"，但"溜"显然是错误的。"熘"，是一种烹调手法，跟"炒"相似，但作料里掺了淀粉。如清末《三侠剑》："这个熘里脊真是两味的，这碟可是我自己吃。"

进阶级"吃货"版：菹、粔籹、烰

zū
菹

"菹"，也叫"葅"，是酸菜、腌菜、泡菜的意思。"菹"字本身就是泡菜的意思，草字头代表菜，下面的"沮"，代表淹滞阻碍。

○ 泡菜

"菹"中最便宜的就是韭菜了，黄庭坚《戏赠彦深》："世传寒士有食籍，一生当饭百瓮菹。"说的就是庾杲之。还有诗歌赞扬庾杲之的食谱："庾郎鲑菜二十七，太常斋日三百余。"他虽然家贫，但是平时吃饭有二十七样菜，分别是韭菹、瀹韭、生韭，俗称三韭。

有人问，这不才三样吗？

不，是二十七样。

一九得九，但三韭（九）二十七。

jù nǔ
粔籹

粔籹是古代的一种食品，用蜂蜜和面，搓成一个细条，做许多圆环，然后用长筷子递进油内炸熟。说到这里大家也许看出来了，这就是馓子啊！

○ 馓子

这在古代属于婚宴常用小甜品，《楚辞》便提到了这种食品。后代闺怨诗"膏环粔籹贺堂成，几日新邻便有情"，可以证明炸面圈和馓子都是新婚糖果、饼干类的表喜庆的食物。

hū

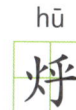

烀，即用少量的水将食物加热，如烀饼子。有时候也指燃料围在周围，糊上坛子焖熟。

《三刻拍案惊奇》中就有这个字："走到后山树林里，看见微微烟起，他便闯去，见是一坛狗肉，四围芦柴、草鞋，忭着道：'我前烀不熟，你今日却被这秃烀熟了。'"他烀狗肉没弄熟，让这和尚（秃）给烀熟了，他很不服气——凭什么我做不好的事，让这和尚给做好了？

xiàn

这是个非常生僻的字，在一般的汉语词典里是没有的。即便有，也没解释。然而这个字，乃是古今中外美食的最高境界。对于"䐄"的解释，《说文解字》说："食肉不厌也。"而唐代的《食次》，记载了一个叫"䐄炙"的美食。"炙"是烤肉，而"䐄炙"，就是好吃到爆、绝不会厌烦的烤肉。意味着这种东西怎么吃都吃不厌。

"用鹅、鸭、羊、犊、獐、鹿、猪肉肥者，赤白半，细研熬之。以酸瓜菹、笋菹、姜、椒、橘皮、葱、胡芹，细切。盐、豉汁，合和肉，丸之。手搦为寸半方，以羊、猪胳肚䐑裹之。两歧，簇两条，簇炙之，簇两脔，令极熟。奠，四脔。牛、鸡肉不中用。"

想想都要流口水了。

怎么把一个字掰成两半用？

文 | 党霄羽

现代网络语言喜欢拆字，比如把"胖"写成"月半"。殊不知，这一招古人早就用过了。

给孩子起名："金刃""羽尧"

刺死孙传芳的女刺客施剑翘，把自己的两个儿子一个改名叫金刃，一个叫羽尧，表示了对儿子的期望。

作家叶兆言的父母给他起名的时候也用了拆字法。叶兆言的父亲叫叶玉诚，母亲叫姚澄，于是起名的时候从母亲的姓氏里拆出一个"兆"，再从父亲的名字"诚"里拆出一个"言"，合起来叫叶兆言。

给自己起名："秦田水月""耳耶"

据《史记》记载，黄帝梦见"大风吹天下之尘垢皆去"，把"垢"中的"土"去掉，就得到了"后"这个字，于是他认为这是上天预示他会遇见一个叫"风后"的人。后来他果然遇到了一个叫风后的人，于是就连忙聘请他来做官。

"扬州八怪"之一、明代文学家徐渭常用的印章上刻着"秦田水月"四个字。把"秦"字拆开，上面是"三"

和"人",下面是一个"禾"字,把这些拆出来的部件重新拼装后,可以得到一个"徐"字;"田、水、月"这三个字加在一起,就得到一个"渭"字。

○徐渭的印章"秦田水月"

现代诗人聂绀弩有一个笔名"耳耶",是把姓氏聂(聶)上的三个"耳"拆下来重新组合而成的。

niè

聶

顺便一提,有的人不仅用拆字法给自己取名,还给其他东西取名。宋代文人高如心的"恕斋",就是把名字的"如"和"心"两个字拼在一起;鲁迅住在上海半租界区的时候写了本书,于是从"租界"两字各取一半,给自己的书取名《且介亭文集》。

表示不满的高级方法

《世说新语》中有一个故事,讲的是嵇康只要一想吕安,就要把他叫过来见面。有一次,吕安千里迢迢跑来了,嵇康却不在家。嵇康的哥哥嵇喜请吕安进门,吕安不进,还在门上写了一个大大的"鳳"字。"鳳"拆开是一个"凡"加一个"鸟"字，这是讽刺嵇喜是一只凡鸟。

fèng

鳳

后来王维写诗化用了这个典故。当时王维和裴迪一起去山里找一个姓吕的朋友玩，这个姓吕的不在。王维信佛，也不好骂他，于是回头写了首诗，说"到门不敢题凡鸟，看竹何须问主人"。意思是：你家的竹子还蛮好看，我就不骂你是个凡鸟啦！

《啸红笔记》中有个故事：有位书生给一个和尚写了一首诗："一夕灵光透太屋，化身人去复何如？愁来不用心头火，修得凡心一点无。"和尚看了很高兴。不过，这首诗是把"一夕"和"化"拼成了一个"死"字，把"愁"拆掉了"心"和"火"，加上去掉一点的"凡"（也就是"儿"）拼成了一个"秃"字，综上所述是骂和尚"死秃"的意思。和尚醒悟过来去追，书生已经跑远了。

据《归田琐记》记载，明朝文官陈询被贬，同僚请他吃散伙饭。席间，有人提议行个酒令。他的好友中，陈循率先用拆字法起了第一令："轰（轟）字三个车，余斗字成斜。车车车，远上寒山石径斜。"意思是：你马上就要被轰走了。高谷接了句："品字三个口，水酉字成酒。口口口，劝君更尽一杯酒。"意思是：别说话喝酒吧。陈询为好友们的发言做了总结，他说："矗字三个直，黑出字成黜。直直直，焉往而不三黜？"意思是：像我这样耿直的人，怎能不一次又一次地遭受贬黜的厄运呢？

liú

劉

老百姓也玩自己的拆字游戏。《后汉书·光武帝纪论》中写道，王莽篡位之后，很讨厌姓刘的人：刘这个字的繁体字中包含"卯、金、刀"三个字，在古代，"刀"就是钱，"金"也是钱。王莽不能和钱过不去，于是把钱币改名叫"货泉"。那个时候的老百姓就把"泉"字拆开，叫"白水真人"。

文化也疯狂

"二月二"为什么是剪头发的大日子？

文 | 泊风

每年二月二龙抬头，各个理发店都人满为患。可能不少人就有疑问了："为什么大家都挤到二月二理发？"

因为传统民俗认为"正月理发死舅舅"。听来很古怪，但到底是不是这样呢？

为何偏在"二月二"理发？

据说，清朝入主中原以后，不让汉人留过去那种"长发飘飘"的发型了，而是让汉族人把头上四周的头发都剃光，理个"金钱鼠尾"式扎辫子的发型。可是广大的汉族同胞不乐意，不乐意那就造反。

大家知道的"扬州十日"和"嘉定三屠"两场血淋淋的抵抗战斗，最初的原因就是清朝在南方地区推行剃发令。

后来，清朝统治者努力地弥合民族矛盾，大家觉着这江山的新主人也不错，所以理发就理发吧，理完发咱继续好好过日子。但是头发可以剪，"节操"不能丢，不能人家刚一来就箪食壶浆以迎异主，所以人们就决定一月不理头，以思念已经过去的旧朝，就有了一月"思旧"之说。

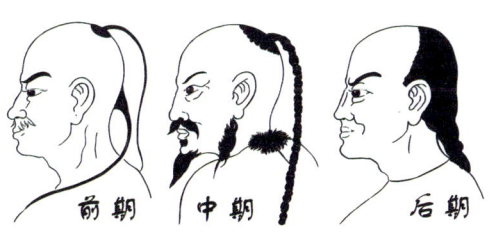

○ 清朝"剃发令"的发展阶段

后来大家也不怎么思念明朝了,"思旧"被老百姓念叨着,就成了"死舅"了。

为什么偏是"二月二"这一天理头呢?这还得从老祖宗周朝讲起。

周代是中国天文历法开始日臻成熟的一个朝代,在这个时期,人们发现一进二月万物开始复苏,庄稼也可以开始种了。于是就有了一系列祈农的仪式,"二月二"这天就成了一个固定的节气节日,历朝历代的人们都喜欢给这个节气赋予新的节庆内容。比如,唐代要"迎富贵",要吃庆祝节日的"富贵果子";元代要吃面条,就有了"龙须面"的说法;到了清代,如刚才所说,一月份不理发,于是"二月二"就成了理发的好日子。

"二月二"就渐渐在一天一天的变迁中,成了普天同庆的一个好日子。在这个好日子里当然要干点儿不一样的事情庆祝一下,比如扫灰、击房檐、炒豆子吃、拜土地老爷爷、不能拿针拿线以免刺到龙,以及请戏班子唱戏等民俗活动。

灯红酒绿:为什么古人认为酒是绿色的?

文 | 秒一

市面上卖的酒无非白酒、黄酒、红酒,绿酒还真是不多见,也可以说没见过。大多数人对于绿色的水本来就没有好感,但是"绿酒"在古代就是美酒,古来文人墨客盛赞无数。

绿蚁新醅酒,红泥小火炉。
晚来天欲雪,能饮一杯无?

这首诗出自唐代白居易的《问刘十九》。这首诗中的刘十九就是刘禹锡的堂兄刘禹铜。他是洛阳的一位富商。白居易晚年隐居洛阳,很有可能是邀请旧人一同饮酒,畅饮人生。

从古代文学的角度分析,此诗前两句色彩丰富,对仗工整,不失为佳句。很多解释说,新酿的米酒还未过滤,酒面上泛起一层绿色泡,香气扑鼻。所以,"绿蚁"的意思是新酿的、没有过滤的米酒上绿色的泡沫。颜色微微发绿,气泡像蚂蚁,所以称为"绿蚁"。

那么为什么未过滤的酒呈绿色?是不是和古代的酿酒技术、酿酒原料有关?口感如何?

最开始的酿酒技术非常简单,就是拿谷物作为酿酒原料。汉代的酿酒工艺就是蒸熟,冷却,再过滤曲汁,入大口缸继续发酵,经过一段时间,再过滤,最后入小口瓶。大概白居易喝的"绿蚁新醅酒"就是大缸发酵之后没有经过二次发酵的酒。而晚年退隐的白居易也可能用古老的汉代酿酒法，用家中的米饭自行酿酒。只是他无法像制酒作坊一样，再进行一次加工，也许产生了类似蚂蚁的小气泡。

我国自古就是农业大国，酒也是一种重要的农业副产品。最开始，古人发现吃剩下的食物如果没来得及处理，就会发霉发酵，产生香气而成为酒。随着农业的发展，有了剩余的粮食，人们才开始意识到可以用这些谷物去酿酒。于是，大规模的酿酒才开始。

酒的原料，最初就是米或者麦子。自然酿出来的酒是黄色的。那么，绿色从哪儿来呢？这要从一种酿酒原料说起——果类。

因为果类中含有叶绿素等，有条件使得酒接近绿色。宋代《癸辛杂识》中有个故事曾经说到，某家有个梨园，里面每株树都很大，每株收梨都有两车那么多。有一年，梨的收成太好，数倍于常年而卖不掉，且味道也很好，就用大瓮把数百枚梨储存起来，用泥土封口。然而后来忘记打开瓮，半年后，里面的梨子竟然都化成了水。"清冷可爱，湛然甘美，真佳酿也，饮之则醉"，这大概可说是古人用果类入酒的例子。

以上因为是宋朝的故事，所以无法证明在白居易所在的时代存在"绿酒"的原因。但是在白居易另外一首诗中可见："青旗沽酒趁梨花。"这里的"梨花"，是酒中加入的一种花朵。古人品酒是很有雅兴的，在酒里加入花朵，调配出各种花色，并且赋予优雅的名字，比如桂花酒、桃花酒、竹叶青等。

另外还有一种果实——绿荔枝。宋代诗人黄庭坚曾经在诗中提到:"王公权家荔枝绿,廖治平家绿荔枝。试倾一杯重碧色,快剥千颗轻红肌。"这首诗是他在被贬谪到戎州,即今四川省宜宾市西南时所作。当时戎州产绿荔枝,"肉熟而皮犹绿(宋朝叶廷珪《海录碎事·鸟兽草木》)",可见绿荔枝既是一种独特的水果,也是一种特制的美酒。一杯"重碧色",就是一杯绿色的美酒。

只是到现在,市面上已经见不到绿色的酒。后来有学者考证,古代的绿酒其实不是绿色的,而是纯色的。就像我们常说大海是蓝色的,但是其实海水是无色透明的一样。这一点也许要交给化学方面的人才去考究。但是,由于"绿酒"这一名词在古代诗文中的频繁出现,我们也不能忽略这个历史事实,毕竟文学作品也是一种史料,值得重视。

关于"梅",你不知道的事

文 | 戴桃疆

méi
梅

梅是中华文明最重要的文化象征之一,但在它成为文人的宠儿之前,在很长的历史时期里,梅的粉丝只有"吃货"。

在商周时代,梅的果实因其味酸而备受"吃货"的青睐。《书经·说命》中有"若作和羹,尔惟梅盐"。羹,即肉做的浓汤,古人用梅充当除去膻腥的重要调料,盐则用于提鲜,《礼记·内则》也有"脍兽用梅"的记载。可见梅在古代烹饪中的重要作用。

咏叹过"接天莲叶无穷碧,映日荷花别样红"的宋代诗人杨万里就是一位梅的"吃货粉",他在自己的诗作《冒英知县叔作岁上赋瓶里梅花时坐上九人七首(其四)》中这样写道:"吾人何用餐烟火,揉碎梅花和蜜霜。"意思是,大家还开火做饭干什么,用梅花和入蜜糖吃就可以了。杨万里自己给这句诗打批注的时候称"其香味如蜜渍青梅,小苦而甘"。的确是一道人间至味。

梅：文人墨客崇尚的品格

除了执着的"吃货"，梅也因其品格出众而收获众多文人"粉丝"。

南北朝时期，梅一改此前受人喜爱"以滋不以象，以实不以华"的风貌，"始一日以花闻天下"。到了唐宋时期更是"崛起千载之下而躏籍千载之上"，完成了从厨房到厅堂的文化"逆袭"。

文人在梅花身上完成了自我品格的投射，有人看中梅花凌寒傲雪的刚强坚毅。比如，北宋文人陆游就在《射的山观梅》一诗中感慨"凌厉冰霜节愈坚，人间乃有此癯仙"。

也有人看中梅远离尘嚣、孤独不群的品性。唐人宋璟的《梅花赋》这样写梅："栖迹隐深，寓形幽绝，耻邻市廛，甘遁岩穴。江仆射之孤灯向寂，不怨凄迷；陶渊明之三径长闲，曾无憎结。贵不移于本性，方有俪于君子之节。"

从此之后，梅"隐士"的形象被确定下来，并由"梅妻鹤子"的北宋诗人林逋发扬光大，"疏影横斜水清浅，暗香浮动月黄昏"。

还有人重视梅的清丽淡雅，并赋予梅以美人的风骨，梅于是成了苏轼笔下卓文君一样的人物，"盈盈解佩临烟浦，脉脉当垆傍酒家"。贞士、隐士、美人，梅的精神含义就这样在代代文人的吟咏中被基本确定下来。

梅：在日本成了下等标志？

梅在中国是高贵的，到了日本却成了下等的标志。

在日本，当人们对同一种类物进行等级排序时，会用"松"表示高级的，用"竹"表示稍次一些的，而用"梅"表示最低级的。同样跻身"岁寒三友"之列，为什么到了日本，松与梅就出现了高下之别？

这还要从遥远的日本平安时代说起。

平安时期的贵族喜欢将伐来的小松树放到家门两旁，松树四季常青，寓意吉祥，贵族们借以祈祷家中亲友福寿绵长。这种喜好逐渐演变成一种风俗流传下来，演化成现如今日本人在正月里装饰在家门口的"门松"。

到了室町时代末期，门松的装饰变得更加丰富，除了传统的松枝，也开始加入同样常青的竹子。三根高低不齐的竹子作为整组装饰的中心，再用小松枝加以造型，这种门松造型的创制者是江户幕府的开创者德川家康。

进入江户时期，为了增强门松的观赏性，人们开始加入凌寒不凋的梅。所谓"松竹梅"的排序并不是对植物高低贵贱的评判，而仅仅表述的是一种时间次序。

○ 以"梅"作为装饰的日本扇

对于松与梅贵贱有别的误解同样始于江户时期。江户时期的荞麦面店与手握寿司店用划定价格区间的方式来招徕不同消费水平的顾客，商家用"松竹梅"代指由高到低的三种层次的食物。

"松竹梅"销售法十分奏效：最廉价的商品招徕大量贪图便宜的顾客，而高级奢侈品则负责吸引品质的追求者，追求品质但又缺乏经济实力者退而求其次地选择次优的，因此商品大卖。

sōng zhú méi
松 竹 梅

这种营销策略被越来越多的商家采用，时间久了，"梅"便在人们的印象中与最低等的东西画上了等号。

日本对梅的误解，无损于梅自身的高洁。如南宋人范成大言："梅以韵胜，以格高。"做人也当如梅，梅虽能斗雪，却也终有凋日，花既有凋日，人须有散时。风递幽香去，留人独自哀。

古代"宅女"如何打发时间?

文 | 太史瓷

现代社会很多年轻人,其中不乏很多女生,宁愿在家待着都不愿意出门。但是在古代,女子受礼教"不可抛头露面"的约束,想出门也出不去,被迫成为"宅女"。

关于这事,有明朝一位葡萄牙传教士的描述为证。

在广州全城,除了某些轻佻的妓女和下层妇女外,竟看不到一个女人。而且她们即使外出,也不会被人看见,因为她们坐在遮得严严实实的轿子里。任何人到家里也别想见到她们,除非是好奇,她们才偶尔从门帘后面偷窥外来的客人。

古代没有网络电脑,甚至连书本都不那么普及,那么这些"宅女"都是怎么打发时间呢?

没事抽上两口儿打发时间

现代社会,如果你看到一个女人抽烟,可能会有一瞬间的错愕。但在明清时期,女人抽烟是见怪不怪的。明代人刘廷玑在《在园杂志》中记述闺房女子"无不吸烟,十居其八"。可见那个时代女子抽烟的普遍性。

不过,在清代,能抽烟打发时光的一般都是小康家庭中的女性,尤其以中老年妇女居多。她们抽烟,一是平日没事做,没事来两口儿,二是抽烟消愁。

正如清代诗人吴蔚光所说的那样：一炷愁苗，秋衾梦断。

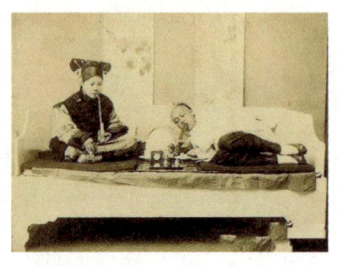

○ 清代女性抽烟

清代学者金学诗记载苏州社会风气时说，苏州那片有钱人家的姑娘，日上三竿了都不起床，等睡到自然醒，就梳妆打扮折腾到下午，紧接着就是抽烟、抽烟。

清代常熟女诗人归懋仪（巡道归朝煦之女，上海诸生李学璜之妻）以诗文描述抽烟的乐趣，提到"论古忽惊窗满雾，敲诗共讶口生莲"。

打牌：唐代就开始有纸牌

像现在我们没事就打牌一样，古代闺房女子也爱约几个好友打牌。纸牌游戏起源于唐代，唐中宗的韦后就特别喜欢打牌。

随着社会变迁，纸牌类型也不断演变，宋元时代人们喜欢打马吊，明清时候喜欢打麻将。古代女子打牌，多是为了消磨时间。

古代女子打牌

这里不得不提一个玩牌高手——李清照。她除了写得一手好词还玩得一手好牌。

她比较喜欢打马吊,甚至还专门写了一本《打马经图》。在序文中,她写道:"予性喜博。凡所谓博者,皆耽之昼夜,每忘寝食。"在《打马赋》中她又说:"打马爱兴,实博弈之上流,乃闺房之雅戏。"

可见她对打马吊的痴迷。

除了李清照,久居深宫之中的太妃、太后们也喜欢用打牌来打发时间。据说清朝的慈禧太后虽国事缠身,但也喜欢打牌,在闲暇时她常召集福晋、格格们"斗纸牌"。

清代后宫好喝茶打牌

"玩莲":裹脚衍生的闺房游戏

收录在《采菲录》(一本专门研究缠足的专著)中的《建莲纪实》确切地描述了闽南女子"玩莲"(缠足后的小

脚）一事。

这篇文章是这么说的：一旦有喜庆事儿的时候，闺密们就会选一个没有男人的房间聚会。一开始只聊聊八卦，慢慢地就要"动手动脚"了。

动的什么脚，就是这金莲一双。首先大家就交流些理论知识，比如金莲的大小、形状、裹法，说着说着大家就把脚举起来，相互比一比。

光看可不行，比着比着就要抽根草席来量一量，以分高下。这时，一个所谓的"钓鱼"游戏也拉开序幕。

《建莲纪实》介绍的玩法是这样的：以所量妇女之脚瓣，合成一束，一端使之整齐，一端以手握之，令一个人抽出一条，以猜为谁之足瓣，伸足来对，谓之钓鱼。

除此之外，闺房当中还有另外一种类似于"点到谁就是谁"的"小脚"游戏。这种游戏同样只有女性才能参加。

"钓鱼"和"小脚"这两种游戏，除了可以丰富女子的闺房之乐，实际上还有另外一个重要作用，就是交流裹脚经验。

嗑瓜子：隆裕太后不吃瓜子睡不着觉

打牌嗑瓜子，这仿佛是个绝配。在不能走出闺房的前提下，打发闲时光阴，嗑瓜子是不二之选。

有一首宁波民谣这样唱道："正月嗑瓜子，二月放鹞子，三月种地下秧子，四月上坟烧锭子……"可见，嗑瓜子跟人们的生活娱乐已非常密切。

《红楼梦》中也多次写到嗑瓜子的情节。第八回黛玉和宝玉在梨香院做客,"黛玉嗑着瓜子儿,只抿着嘴笑"。后面多处提到嗑瓜子,可见当时的小姐、丫鬟是多么喜欢。

另有记载说,隆裕太后也特别喜欢嗑瓜子,她每天入睡之前都要嗑瓜子,不吃就睡不着。由于吃瓜子吃得太多,隆裕太后的胃还出了毛病。

○ 历史上的隆裕太后

除此之外,古代女子还有乞巧(七夕节最普遍的习俗)等消遣方式。

虽然这些游戏在现在看来比较枯燥,但在当时均深受深居闺房的女子喜爱。

"嗑瓜子"
原来是一项
历史悠久的休闲形式!

让我们聊聊古人怎么睡觉

文 | 邱女

古代人睡得也不早

现代人由于工作压力比较大，常常会羡慕起"日出而作，日落而息"的古人。然而，古人真有这么悠闲吗？

在古代，人们将一天分成十二个单位，即夜半、鸡鸣、平旦、日出、食时、隅中、日中、日昳、晡时、日入、黄昏、人定；再配之以十二地支，对应时间为子时、丑时、寅时、卯时、辰时、巳时、午时、未时、申时、酉时、戌时、亥时，每个时辰相当于现在的两小时。

子时	丑时	寅时	卯时	辰时	巳时
23:00—00:59	01:00—02:59	03:00—04:59	05:00—06:59	07:00—08:59	09:00—10:59
午时	未时	申时	酉时	戌时	亥时
11:00—12:59	13:00—14:59	15:00—16:59	17:00—18:59	19:00—20:59	21:00—22:59

○ 十二时辰与现在时间对应表

"人定"就是夜已深，人们应该停止活动、安歇睡眠了。与之相对的地支是亥时，与二更、二鼓、乙夜相对应，转换成现代时间，就是夜间21点至23点。其实也没有比现在的入睡时间早多少。

天子朝臣都睡不好

古代的老百姓睡眠时间不多,那王公大臣、皇帝们又如何呢?天还蒙蒙亮就要起床了,上至皇帝,下到百姓,莫不如此。要不早朝的"早"是如何来的?

○早朝图

为了路上不至于太赶,大臣们只能压缩睡眠时间。"朝臣代漏五更寒"就是最真实的写照。"五更"即"平旦",相当于现代时间凌晨3点到5点。这样算起来,古代人的睡眠时间甚至比现代人还少。

如果你以为当大臣辛苦,当皇帝就能夜夜笙歌,可就冤枉那些勤政的皇帝了。

譬如宋太宗就是一个晚睡早起的典型。据《宋朝事实类苑》记载,宋太宗常常"深夜就寝,五鼓而起"。古代一般用鼓打更报时,所以"五鼓"即是五更天,即现代时间凌晨3点到5点。而早睡早起更是清朝皇室的家训,为的是"吸天地阴阳之正气"。每天晚上一到8点就是皇帝应当就寝的时间,而凌晨4点,皇帝就要起床更衣,还要到坤宁宫朝祭。

○康熙读书图

古代床上用品你睡不惯

　　而且,即使不用早起,穿越到古代的你也不一定能睡个好觉。相较于现代人偏爱软枕,古人更加倾向于硬枕,特别是在两宋期间,硬枕风靡一时。瓷质的枕头,上用彩釉绘成精美的图画或题有诗句,形制丰富,纹饰多样。

　　李清照的"佳节又重阳,玉枕纱橱,半夜凉初透"中的"玉枕"指的就是青白釉瓷枕。

○青白釉瓷枕

　　而且,古代也没有所谓温暖的"被窝",因为我们现在所用的"被子"在古代还不叫"被"。那么古代的被子叫什么呢?在先秦时候,被子的意义不用"被"字来表示,小被称为"寝衣",大被称作"衾"。

　　杜甫的《茅屋为秋风所破歌》中有一句"布衾多年冷似铁,娇儿恶卧踏里裂",这里的"布衾",指的就是被子。可怜杜甫全家在寒冷雨夜里，被子又冷又硬，还被孩子蹬破了，根本就没有御寒的效果。"自经丧乱少睡眠"似乎是理所当然的了。

而《西厢记》里也有一句"生则同衾，死则同穴"，说的就是活着要盖同一张被，死了要葬同一个墓的意思。

说到"枕"与"衾"，就不得不说"帱"了，这三样东西可谓是古人床上用品必备三件套，缺了哪一样都做不了美梦。

根据南朝梁元帝萧绎撰写的《金楼子·立言篇九》记载，早在春秋齐桓公时期，就有用"翠纱之帱"使饥蚊营营不得入内。帱，即是现在所说的蚊帐。

鉴于中国大部分地区处在亚热带和温带，蚊子较多，因此帱在古代一直很流行。王安石就曾有诗云："明月入枕席，凉风动衾帱。"同时，"帱"也是一种身份的体现。王公贵族的蚊帐多用锦、罗、纱等丝织品制成；平民百姓则多选用葛、布等料子。《后汉书》曾如此记载："黄昌夏多蚊，贫无帱，佣债为作帱。"

看了这么多，其实发现古人的睡眠质量也未必能好到哪里去。所以与其羡慕古人，不如珍惜眼前床，早睡早起休息好。

古人怎么形容"胖"这件事？

文 | 安迪斯晨风

最近网络上戏称"每逢佳节胖三斤"，正在发福的你是不是也在为变胖发愁？你可能会想，如果能"穿越"到古代就好了，因为在古代，能长胖那可是贵族和大富豪的"专利"！而且我们翻开史册就能看到，古人赞美起"胖子"来那可是一套一套的！

硕人：又肥又壮，美到没朋友！

说起古人对"胖子"的宠爱，要追溯到2500多年以前的春秋战国时代。那时候我们的祖先连个铁锹、锄头之类的铁质农具都没有，种出来的粮食当然也就"惨不忍睹"。那个年代能吃饱的人都算得上"天之骄子"，所以如果在那个时代听到有人夸你"肥硕"，记得千万别翻脸，因为那是一个特别美好的词！

在《诗经》中，直接就把美人称作"硕人"。比如其中有一篇《卫风·硕人》，赞美一位卫国的贵妇有多么美丽："硕人其颀，衣锦褧衣。""手如柔荑，肤如凝脂。领如蝤蛴，齿如瓠犀，螓首蛾眉。"

这句话翻译过来可能会让你吃惊：这是一位又高大又肥胖的美女，她的双手像初生的茅草幼芽一样白嫩，肌肤像凝结的油脂一样光滑，脖子像天牛的幼虫一样又长又白,牙齿像葫芦子一样洁白整齐,额头像蝉额一样宽广方正,双眉像蚕蛾的眉毛一样细长弯曲。

《诗经》中的另一篇《唐风·椒聊》里面,称赞美女的话更加可怕:"彼其之子,硕大无朋。彼其之子,硕大且笃。"翻译出来就是:你这个女孩子真是又肥又壮,胖到无人可及!

直到东汉末年,国人心目中的美女都是那种"胖到无人可及"的类型。比如文学家蔡邕在《协初赋》里面写一位美女:"面如明月,辉似朝日,色如莲葩,肌如凝蜜。"后来人们干脆就用"硕人"来形容美女,比如汉末"建安七子"之一的陈琳在《止欲赋》中就说一个女子"色曜春华,艳过硕人"。

到了唐代,以胖为美更是成了全社会的时尚,不但宫中嫔妃都比较胖大,就连公主也都是肉乎乎的。《旧唐书》中记载太平公主的长相说:"公主丰硕,方额广颐",不但胖,而且是方脑壳、宽下巴。这么看来,电视剧《大明宫词》中太平公主清纯可爱又窈窕的扮相只是今人的美好想象罢了。

丰肌:不是"微整",而是形容美好肉体

其实一张"大脸"自古以来就是"美女"的标配,战国时代屈原的作品《楚辞·大招》中描写当时的一位美女时说:"丰肉微骨,调以娱只,曾颊倚耳,曲眉规只。"所谓"曾颊",就是层层叠叠的脸颊肉。

自屈原以后,古人就用"丰肌""丰肉"来形容那些

身材匀称丰满的男女。比如汉代文学家司马相如的作品《美人赋》中形容美女说"皓体呈露，弱骨丰肌"。他看到的就是一具丰满莹白，充满诱惑力的肉体。

南宋诗人范成大也曾经用"丰肌弱骨"来形容他看到的美女，在《园丁折花七品各赋一绝》一诗中写道："丰肌弱骨自喜，醉晕妆光总宜。独立风前雨里，嫣然不要人持。"这幅美人图景，只要看一眼就让人沉醉其中，无法自拔了。

而另一位南宋诗人袁去华把"丰肌弱骨"改成了"丰肌秀骨"，让自己笔下的女性显得更加艳丽魅惑。他的《山花子》词里写道："雾阁云窗别有天，丰肌秀骨净娟娟。独立含情羞不语，总妖妍。"

宋代人不但用"丰肌"形容美女，也用来形容"美男子"。比如欧阳修在《归田录》里称赞一位长者："盛文肃公丰肌大腹，而眉目清秀。"这里的"盛文肃公"说的就是历史上著名的"胖子"兼文学家盛度先生。

○ 宋文肃公像

胖：说明身体和心理都健康

其实在我国，"胖"是一种身体和心理都十分健康的标志。《礼记·大学》中就说"富润屋，德润身，心广体胖"。不过，这里的"胖"读 pán，意思是生活舒适。

"胖"在古代如此受欢迎，以至于就连长一张大胖脸都变成了贵族和富豪的标志。清代吴敬梓的世情小说《儒林外史》第三回里说："你不看见城里张府上那些老爷，都有万贯家私，一个个方面大耳。"

正因为如此，古人还会用带有恭维意味的"富态"来形容胖人，就像明代西周生的《醒世姻缘传》第八回所说："没的是和尚，有这么白净、这么富态？"

古人的食物为什么都这么好听?

文 | 千里

中国人"爱吃"的属性是自古以来就有的。中国人还特别喜欢在酒席上进行社交活动。今天我们就带大家看看古代中国人都在吃什么。

宰相羊头签,女儿小零食

羊头签在宋代是小零食,属于"点心"一类。李开周老师说,就像今天小姑娘一边追剧一边吃薯片一样的佐食。宋代谁最爱吃呢?王安石。顾栋高在他的《王荆国文公遗事》里,第一条就记着这款零食:"喜食羊头签,家人供至,或值看文字,信手撮入口,不暇用筯。"

◦王安石

王安石,吃什么都尝不出味,就爱羊头签。一边看书一边拿手捏着吃。那么这个羊头签是怎么做的呢?

据说是用猪网油裹住熟羊头肉,里边拌上调味料一通炸,出锅之后,外焦里嫩,飘香四溢。

金齑玉脍饭炊雪

"金齑玉脍饭炊雪,海螯江柱初脱泉。"

这是苏轼《和蒋夔寄茶》里的一句。这里边的"金齑玉脍",指的是由隋炀帝亲自命名的一款"鱼生"菜。

○金齑玉脍

所谓鱼生,可以"简单粗暴"地理解为日本的刺身——将活鱼在极短的时间内整治干净,以刀切成极细的肉丝,或雪花片,腌制或直接蘸料进食,味道极鲜。

老杜有诗形容鱼生:"无声细下飞碎雪,有骨已剁觜春葱。"一上就被清盘。

宋代欧阳修尤其好这口,梅圣俞家有个年老的奴婢,最擅长治鱼生。欧阳修嘴馋了,就提一条鱼去人家,坐等开饭。陆游那么忧国忧民的大诗人,照样自己琢磨鱼生。看来这真是一道国民菜。

酒如清露鲊如花

"歌缥缈,舻呕哑,酒如清露鲊如花。"

这是陆游的一首《鹧鸪天》,描写酒香和"玲珑牡丹鲊"的美态。上面说陆游也极为好吃,有人专门从他的诗集里集出一本"与吃吃喝喝有关"的集子。

这里重点要说的是这个"鲊"（zhǎ），你可以把它看成日本早期的寿司——一层肉一层米，靠米饭发酵分解出氨基酸等物质，带动生肉发酵成熟，最后去掉米饭，只吃肉。

中国的做法很多变，有人会加香料、酒、盐等。你觉得难以想象？但历史上它和鱼生可以说是美食双雄。这款"玲珑牡丹鲊"就是唐代吴越地区极为流行的菜式。

皮日休就有一首诗说："竹叶饮为甘露色，莲花鲊作肉芝香。"吃个菜都这么有意境。

处暑如何度，槐叶最清凉

大菜过了，得有点主食。这款"槐叶冷淘"，一听就是避暑的时令菜。杜甫专门就有一首诗赞颂它：

　　碧鲜俱照箸，香饭兼苞芦。
　　经齿冷于雪，劝人投此珠。

唐宋流行的这款面食，据说是把槐叶汁浇到面里，做出来的面条通体碧绿，放井中冰镇，吃的时候再加上各色浇头。后来，不断尝试创新的宋朝人，做出了升级版的冷淘——甘菊冷淘。宋王禹偁《甘菊冷淘》诗有：

　　随刀落银缕，煮投寒泉盆。
　　杂此青青色，芳香敌兰荪。

甘菊汁自然清凉，浇入面中，再冰镇，清凉解暑，直入人心！

宋代"海底捞",雅称"拨霞供"

据说南宋的林洪,有一次冬天逮到一只兔子,当时他身在武夷山上,身边什么烹饪工具和材料也没有。最后他想了个办法:生切,放在开水里拨弄两下,熟后蘸料吃。粉色的熟兔肉让人联想到飞霞,所以才叫"拨霞供"。

林洪诗中说:"浪涌晴江雪,风翻晚照霞。"这是屋外的雪景和屋内小锅里的景色并举,似是而非,能让人会心一笑。

清心素馔石子羹

文人风雅,吃饭也不例外,总得有点高调性的花样。上面提到吃兔肉的南宋林洪,就写了一本格调极高的《山家清供》,其中有一道汤,具体做法如下。

《石子羹》:溪流清处取小石子,或带藓者一二十枚,汲泉煮之,味甘于螺,隐然有泉石之气。

拿石头子,直接扔山泉里煮开,石头还得是带苔藓的。

其实古人不止一次提到过清水煮石。

梁庾肩吾《东宫玉帐山铭》:"煮石初烂,烧丹欲成。"

唐韦应物《寄全椒山中道士》:"涧底束荆薪,归来煮白石。"

古代文化人怎么"吐槽"天气冷？

文 | 豆子

现代人的冬天里有暖气和空调，可确保室内温度适宜。但在古代，人们是怎样面对冬天的呢？我们不妨从文学家的作品中去找答案。

首先说孟郊，孟郊因为家里穷，每当北风呼啸的时候，就备感辛酸。因为别人家都有火炉，有炭，他没有，只好"拣""寒枝"取暖。显然"拣尽寒枝"的滋味是不好受的，"寒枝"就是冬日里的枯枝，然而最惨的是，孟郊的打火石也是劣质的，打不着，因此日子更加艰难了——"敲石不得火，壮阴正夺阳"，哆哆嗦嗦，半天取暖未成功。"厚冰无裂文，短日有冷光"，因为点不着火，所以"阳光都是蓝色的"，看什么都冷，连阳光都是冷的。

让人感觉冷的，还有杜甫。杜甫总是给人一种冷瘦的感觉。历史上的杜甫，的确寄人篱下，曾穷得摆地摊卖草药，每天一大早就得爬起来去山上刨。到了冬天更难过，他曾在《自京赴奉先县咏怀五百字》中形容自己的感受："霜严衣带断，指直不得结。"

"安史之乱"后，大唐北部，死伤大半。杜甫跟着逃难的人群，跑到了四川。在成都，他盖了个有名的茅草屋，这个茅草屋和现在我们看到的不同，根本没那么完美。冬天的蜀地十分湿寒，这天气让他痛苦不堪。孩子睡觉觉得冷，就乱蹬，一乱蹬，被子就更烂了，以至于被踏裂。所以在《茅屋为秋风所破歌》中，他写道：

　　布衾多年冷似铁，娇儿恶卧踏里裂。
　　床头屋漏无干处，雨脚如麻未断绝。
　　自经丧乱少睡眠，长夜沾湿何由彻！

　　杜甫给人的感觉一直是苦寒的，这和李白不一样，一个代表着盛唐的温度，一个代表着乱世的凄凉。

　　明初的宋濂，在《送东阳马生序》里，写过他手指被冻得无法屈伸，那情况和杜甫应该是一样的："天大寒，砚冰坚，手指不可屈伸。"

　　关于宋濂所说的"砚冰"，贾岛也写过"砚冰催腊日，山雀到贫居"的诗句。

　　相较于孟郊，贾岛更穷，曾穷得吃不上饭，便把心一狠，出家去了。所以我们看贾岛的介绍，都说他曾剃发为僧。

yàn bīng
砚冰

　　砚冰，指的是砚台上的墨被冻成了冰凌，这是古代寒窗苦读的学子们共同的回忆。

　　苏轼曾用"折胶堕指"形容自己对寒冷的感知。"折胶堕指"，是指这种寒冷可以轻易把胶折断，把手指冻掉。

zhé jiāo duò zhǐ
折胶堕指

　　苏轼没那么幸福，或者说不是一直幸福。他被流放的时候没吃的，时常需要借粮，借不到就煮菜帮。"空庖煮寒菜，破灶烧湿苇"，湿乎乎的芦苇烧火灶，是很困难的，空空的厨房里，就只剩下白菜。寒冷，总是和贫困联系在一起的。

古人是如何取暖的呢？

必需品是被子。但被子也有不同特色。譬如清代的文清公刘墉的被子，长一丈多，睡觉的时候要叠成筒状，尾部折起，然后由他亲自钻进去。家人等他睡着，再用上半部盖住他的脑袋，即便夏天也是如此。

其次是棉袄。在棉袄之前，普通百姓穿的是褐（粗布衣服）。这种粗布，如何保暖？答案就是——多穿几层。富贵人家用兽皮貂裘也是有的，而最底层的人往往衣不蔽体。

《清稗类钞》记载："常人眼光，每以其度冬之常服判之。上流必有狐裘，中流必有羊裘，下流则惟木棉，且有非袍者矣。""朱门酒肉臭，路有冻死骨"，没冬衣穿的，就常常被冻死。

还有木炭，卖炭翁烧炭，就是要把树木密封在容器中闷烧，质地好的，断面有光，敲一下声音像铁，燃烧时没有烟。还有一种"银骨炭"，出自京城西山窑，虽然难点着，但更不容易熄灭，是御用炭，可使室内温暖如春。

手炉，是一种非常便携的铜制品，里面是炭或热水，放在袖子里取暖，这就是古代的"暖宝宝"了。有人形容这种"暖宝宝"的功效："笼袖粟肤春意透，挥毫姜指晓寒苏。"和手炉近似的，叫手笼，是一种取代手套，但形式上更像"暖宝宝"的东西——"既有手笼,则置两手于中,风不侵矣"。

至于手套、风帽、围巾,那都是司空见惯了的,不必多说。至于"耳套",至少从唐代就有很新奇的样式了。"燕、赵苦寒,朔风凛冽,徒行者两耳如割,非耳衣不可耐。"所以,耳套也叫作耳衣,是耳朵的衣服。

暖气片的历史不过一百余年,最初流行于欧洲,上世纪逐渐普及。经济的发展和科技的进步,让更多人免于苦寒,使得以往只有王公贵族才能使用的御寒之品,飞入寻常百姓家了。

古时我们都是这么取暖的

龟鹤宰相、白眼相公……古人把"绰号"玩出了"花"！

文 | 张彰

绰号，也叫混号、诨号、混名、外号，其中混号用得最多。

第一个混号，据《吕氏春秋·简选编》记载是属于夏桀的："夏桀号'移大牺'，谓其多力能推牛倒也，此为混号之始。"

天子祭祀社稷用太牢，牛是最大的祭品，故称"大牺"。夏桀力大无比，能推牛倒地，故以此名称之。

而正史中记载的第一个绰号见于《史记》卷九十《秦本纪》。

百里奚最早是虞国国君的大夫，有攘外安内之能，奈何命运多舛。他先是被晋献公俘虏，逃跑时又被楚国人抓获，最终被秦穆公以五张黑羊皮的价格赎了回来。他很可能是先秦贸易史上最"超值"的"商品"，不仅解救了荆州之祸乱，还将巴地纳入秦国版图，使周边几个少数民族部落俯首称臣。秦穆公特别得意，所以给他起了个"五羖（gǔ）大夫"的混号以纪念这件事。

不管哪一例是真，都足可见"绰号"的历史是非常悠久的。下面我们一起研究下古人起绰号的特点。

牝牡骊黄：用动物起绰号

拿动物来比人是取绰号最常见的一种形式，清代赵翼认为其根源是"世俗轻薄子，互相品目，辄有混号（《陔余丛考》卷三十八）"。

不完全是这样，中国古代人民是用这种方式表达了对动物的礼赞，因为用这种方式取绰号的可不光是轻薄子，也有光武帝、唐中宗这样的人中之龙。

汉景帝时著名的酷吏郅都，因为在济南当政期间，"致行法不避贵戚，列侯宗室见都侧目而视"，人送外号"苍鹰"。

同样，光武帝时以不畏权贵秉持公心闻名的强项令董宣，因为打湖阳公主的"狗"而没有看主人，更兼"搏击豪强，莫不震栗"，首都人民称他为"卧虎"。

光武帝时有一位州博士甄宇，他也有一个绰号。按照汉朝的规矩，每到腊月，要赐博士每人一只羊。到了分羊的时候，有人想把羊杀了分肉，觉得这样公平，有些人提议还是一人一只，谁抢着肥的算谁的，两伙人为了多吃一口羊肉差点打架，甄宇主动上前挑走了最瘦的那一只。光武帝对甄宇的做法非常欣赏，管他叫"瘦羊太守"。

再比如，宋理宗时有三位谏官——丁大全、陈大方、胡大昌，身为言官，建言献策本是分内之事，但这三位谨小慎微，缄口不言，时人讽其为"三不吠犬"。同样，赵霈担任了谏议大夫之职放着正事不说，却大谈"禁杀鹅鸭"，被讥为"鹅鸭谏议"。

韩忠彦和曾布同为宋徽宗的宰相。韩忠彦是前朝宰相韩琦的长子，身材颀伟但生性淡泊。曾布是唐宋八大家之一曾巩同父异母的弟弟，身量矮小但个性棱角分明。因为工作关系，两人经常"同框"，两人一高一矮，一胖一瘦，人送外号"龟鹤宰相"。

疲癃残疾：拿某人特征起绰号

拿某人的特征来取绰号，也是常见手段。这一类既包括外形，也包括行为、性格乃至言论，非常像联想记忆法。

鲁迅先生说过："中国老例，凡要排斥异己的时候，常给对手起一个诨名——或谓之'绰号'。"这种手法不仅有效打击了被取绰号者的士气，还锻炼了己方的记忆力，何乐而不为？下面照样要举几个例子。

秦惠王的异母弟弟樗（chū）里疾，"滑稽多智"，据说还生有宿瘤，所以秦人称之为"智囊"；东汉马融有一次做梦梦见自己摘花吃下，醒来之后文思通达，天下之词没有不知道的，人送外号"绣囊"。汉代贾逵因身高头长，被称为"贾长头"；唐代温庭筠因容貌丑陋，被呼作"温钟馗"；卢龙节度使、同中书门下平章事张公素性情暴戾，酷爱翻白眼，人送外号"白眼相公"；晚唐李磎藏书很多，手不释卷，人称"李书楼"；西晋皇甫谧出仕之前，沉迷书海，废寝忘食，因为耗神过度，有些萎靡，人送外号"书淫"，这个外号后来被黄侃继承了；明代的程济则因博学而获"两脚书橱"的雅号。

从行为方面看，西汉甄丰喜欢夜间谋议，人称"夜半客"；东汉崔烈以五百万钱买官，人称"铜臭"；还有洛州司金摄侍御史严升期，喜欢吃水牛肉，所至州县必须大操大办"水牛宴"，而且贪财，事无大小纳金便消，所以人称"金牛御史"；明代刘吉、万安、刘翊三人位至实相，却碌碌无为，饱食终日，一事无成，时人噱称其为"纸糊三阁老"，意思是这三位除了拿来烧没别的用处。

雕虫镂蛤：用食物起绰号

这一类起绰号的方法，最能体现比喻的妙处。充分体现了古人在"吃"这件事上的创造力和想象力。而最奇怪的是，这一类例子还都集中在唐朝。

唐武后时左台侍御史侯思正出身于卖饼世家，性情酷烈少恩，后来做了御史，喜欢摆阔。他摆阔的方式很特别，是命令家里的膳者做"缩葱笼饼"，当时市面上卖的笼饼都是葱多肉少，他偏要吃葱少肉多的，所以得了个"缩葱侍御史"的绰号。

晚唐名士崔远，出身世族，文才清丽，风神峻整，大家都很想亲近他，他于是日日赴宴数场，因为开宴时总能看见他，一会儿工夫他又去赴别的宴了，所以人送外号"钉座梨"。所谓"钉座梨"是指宴席开席前桌上必不可少的果盘，说明只要有宴席他一定在，没有他就像吃饭没点果盘一样。

而最妙的例子来自贾言忠创作的《监察本草》。这本书将各类御史的职能用食物作比,颇得妙趣:

御史里行及试员外者为"合口椒",毒性最为猛烈;

监察御史为"开口椒",毒稍减;

殿中侍御史为"萝卜",又为"生姜",虽然辛辣但不甚烈;

侍御史为"脆梨",渐入佳味;

御史迁员外者为"挂子",可久服。

拿绰号讥讽别人固然不对,但亲朋故旧之间,以彼此熟悉之事、之物作比,取些绰号,就好像说了一两句无伤大雅的玩笑话,又有何不可呢?只要没有恶意,权且就当作是茶余饭后的文字游戏吧。

"萌宠"取名最优雅，还得是中国人

文 | 七寸丁

古人在给"萌宠"起名这件事上，真的很专业！他们养孔雀、海鸥、蟋蟀、大象，上天下地无所不包。不同的动物不仅有各类雅号，名称还在拟人化的"脑洞坑"中满地打滚儿。

踏雪寻梅、滚地锦……长相决定猫名

我们就先来从猫说起。

给宠物猫起昵称的雅兴见于清朝的《猫苑》。和给人看面相一样，书中给出了全套的相猫之术，同时也记录了很多"喵星人"的奇闻逸事。

如果是通体黑色的猫恰巧嘴为白色，它就名为衔蝶。

关于猫的面相那也是大有学问。想被古代人持续宠爱，必须要具备以下几点：

首先要有一个圆滚滚的头，因为据说长脸的猫会和黄鼠狼一样偷吃鸡，故云"面长鸡种绝"，又云"面长鼻梁钩，鸡鸭一网收"。

耳朵要既薄又长，所谓"耳薄毛毡不畏寒"。

再看身材比例，比如腰长就会过家，容易走失闯祸，所以腰要短；后脚低的猫无威，所以后脚要是长腿"欧巴"的类型。

尾巴大的猫通常比较懒，所以尾巴要长细而尖，所谓"尾长节短多伶俐"。

相猫术还有一点：肛要无毛。据说肛门多毛的猫喜欢随地大小便！如果具备了以上资质，那么种种可爱高雅的昵称就来了。根据花色的不同，可以起名为墨玉垂珠、雪里拖枪、昆仑妲己、金簪插银瓶等。

明朝皇室的爱猫一族还特地设立了"猫儿房"，隶属于宦官机构，太监们将猫分为不同品阶，有名分的得赐名，有的还可以加官晋爵。

猫的拟人名称见于公的叫"小厮"、母的叫"丫头"，被阉割的叫"老爷"、领头的叫"大管事"，此事见于明代宦官刘若愚所写的《酌中志》。

另外嘉靖皇帝的爱猫"霜眉"还有"虬龙"的封号，死后葬于虬龙冢。

鸟：孔雀"南客"、戴胜"山和尚"

除了养猫，古人还养孔雀，北宋名相李昉曾养孔雀，取名为"南客"，估计一是取自乐府的《孔雀东南飞》，二是说明了孔雀是由南亚印度传来之意。

不仅如此，李昉在后花园中还养了五种宠禽，《五禽图》上还各有诗篇赞赋。鹤名仙客（鹤又有九皋处士的美名，是高洁隐士的象征），鹦鹉曰陇客（因鹦鹉多产于陇西）、白鹇叫闲客（玄素先生）、鹭鸶是雪客。

隋炀帝喜鸟已经到了收集海鸟的程度，《清异录·禽》记载隋朝宦官将二十四只海鸥献给皇帝，封海鸥官阶三品,名为"碧海舍人"。

"舍人"一指门客或宫内亲信属官,二指旅店的主人。想想翱翔的海鸥以碧海蓝天为旅社,多么诗意啊!

同时拟人化昵称还侧面反映了动物的习性。如留着莫西干头的"戴胜鸟",因为叫声酷似和尚念经,故被称为"山和尚"。宋朝的《林泉结契》记载戴胜"声浊圆,间或诵牟尼号"。

水族:龟"通幽博士"、虾"虎头公"

古人爱将宠物、动物加官晋爵,《西游记》的龙宫中就有龟丞相、鳜都司、鳊提督、鲤总兵等形象,水族宠物们名字涉及的古典文化内涵也是十分丰富的。

龟往往是智者、元老的象征。在清朝厉荃的《事物异名录·水族·龟》中,龟被称为玄介卿、通幽博士。"玄"与"通幽"都体现了长寿之龟拟人化后的博学广识。"介卿"意为低于卿的政务官,"博士"也是古代掌管书籍史典的官职。

虾蟹等甲壳类动物则是勇武的象征。虾有"虎头公"的昵称,同时也因一身"奇装异服"带着十足的"朋克范儿",有"曲身小子"的"嘻哈"艺名。蟹则名为"横行介士"(介士即武士),其威武雄壮的"铠甲"被想象成了水中的战士。

由于蟹肉肥美,古代的"吃货"们将其称为"无肠公子",这出自葛洪的《抱朴子》。古人在秋天菊花盛开时,于花下饮酒食蟹,应景又风雅,故又称蟹为"菊下郎君"。

河中的淡水类动物又是神话中河伯的手下，崔豹的《古今注》中称扬子鳄为"河伯使者"、乌贼为"河伯度事小吏"。

兽类：狒狒"山大人"、黄牛"菩萨"

至于畜类动物和野生动物的昵称就比较贴地气了，如猪被称为"黑面郎"、狒狒被称为"山大人"、体形小的猕猴被称为"山儿"。这些散见于《清异录》《本草纲目》《云仙杂记》等文中。

狒狒

也有一些动物保护者对动物爱惜至极，将勤苦耕地的黄牛称为"黄毛菩萨"。牛在古代又称为"特"，"特"的本义是指公牛或公马。

游荡山野随处可见的牛类也颇有隐士之风。裴铏的唐传奇中写秀才在风清月朗下吟咏，引来桃林斑特处士和寅将军拜访，三人把酒言欢大醉而别。"斑特处士"就是牛精；"寅将军"，取自十二地支，也就是虎。

鹿通常是神话传说中仙人们的坐骑，它们的昵称往往带有神话色彩。《清异录》记载华清宫中有一鹿，千年精俊不衰，人称"角仙"。

唐武宗为颍王时喜欢养鹿，称之为"茸客"。古人以鹿为雌、麋（四不像）为雄，各称之为"西王母""东王公"。

虫类：蝴蝶"玉腰奴"、飞蛾"九娘"

最后说说昆虫类，虫类因其体形小往往被赋予了女性化倾向的拟人，如蜜蜂美其名曰"金翼使"，蝴蝶被称为"玉腰奴"，这里的"奴"应是古代女性的自称——奴家。

飞蛾则被称为"九娘"，民间传说在古时江浙一带，清明节贴了"清明嫁九娘，一去不还乡"的字条后，夏天家中就不会有飞蛾扑火。

蜘蛛织网则被想象成纺织的妇女，故又有"络新妇"之称，而在民间传说中蜘蛛精的形象又通常为女妖，久而久之传到日本就成了百鬼夜行文化中著名的妖怪"络新妇"。

我很不喜欢你们叫我"山和尚"！

疯狂动物命名史：道士的猫叫"金吼鲸"！

文 | 陶短房

给宠物命名并非中国古代的传统，尽管《诗经》中有数百个形容马的专有名词，尽管清嘉庆三年（公元1798年）就出版过养猫专著——王初桐的《猫乘》，里面提到一本更早的、写作年份不详的养猫专著《相猫经》，其中也记录了众多对猫的称呼，但这些称呼大多数是根据宠物的毛色、长相、体貌特征或性格所赋予的类称。

如叫"赤兔马"的可不仅吕布和关云长骑过的那一匹，而是只要毛色体态差不多的红色公马都可以叫这名字（《水浒传》里大刀关胜就骑了一匹）；叫"踏雪寻梅"的可以是任何一只四脚雪白、全身纯黑的猫。严格说，这根本不能算宠物的名字。

不过中国古代也还是有些和笔者一般好事的人，会给自己或别人的宠物命名。

首席宠物"马"的命名史

前面提到《诗经》里最得宠的动物是马，毕竟在古代，马不但是最得力的工具和军事装备，也是身份的象征，这足以让其攀上"古代第一宠物"的高峰，不论"性价比"更高的牛，或最早被驯化的狗，都只能往后排。

○ 八骏图

史书上记载最早有自己名字的马，是西周穆王的"八骏"，这八匹爱马分别被命名为：绝地、翻羽、奔霄、超影、逾辉、超光、腾雾、扶翼。

虽然这些名称仍然是形容马的身体特征或特长的词，但已经与八匹马一一对应，不再是同一类马的统称了。"八骏"的名字始见于《穆天子传》，这本书至迟战国时代就面世了，这说明在那个年代至少已有人开始给宠物命名了。

自幼爱马、曾骑着骏马东征西讨的唐太宗李世民，恐怕是中国古代给马起名最热心的一位，他命名的爱马有六骏、十骥。六骏为：什伐赤、青骓、特勒骠、飒露紫、拳毛䯄、白蹄乌；十骥为：腾霜白、皎雪骢、凝露骢、悬光骢、洪波瑜、飞霞骠、发电赤、流星骕、翔麟紫、奔虹赤。其中"六骏"是他做秦王时征战所骑的立功马匹，地位特殊，其名字都为突厥语音译加上代表颜色、体貌特征的词组合而成。

○ 特勒骠

如"特勒骠"中的"特勒"为突厥高官的名称,"骠"指黄色的马;又如"飒露紫","飒露"是突厥语"勇士","紫"则是毛色,这匹马在洛阳战役中曾经中了箭伤却仍然不退,因此得到这样的美名。

李氏家族虽是汉族,但长期和鲜卑人通婚,因此糅杂有少数民族的习惯,而"六骏"大多数是从突厥交易来的马,因此才会有这样的命名习惯。

"十骥"则是李世民称帝后,铁勒的骨利干部落送来了一百匹马,李世民一时兴起,从中挑选了十匹好的加以命名。这十匹马的名字都是形容马的"吉祥话",相比较"六骏",级别就差得多了。

由于实在太喜爱"六骏",李世民不但让大画家阎立本画了《六骏图》,还让阎立本和他的哥哥(著名雕刻家阎立德)创作了蜚声中外的"昭陵六骏"雕刻,安放在自己陵前。

先秦时的国君经常将自己的爱马杀死殉葬,有的多达几千匹,不过"六骏"应该没有被殉葬——按照马的寿命,唐太宗驾崩时这些久经沙场的"功臣"应该都已经寿终正寝了。

给"狗"起名少见而随意

其实中国古代最早驯化的宠物是狗,但狗在很长一段时间都只是看家、打猎甚至养肥了吃肉的"二等宠物",因此尽管养得早,但有名字的并不多,而且名字也都显得很随意。

○汉代灰陶卧狗

较早的记载如大约晋朝的《搜神后记》中提到一条名叫"乌龙"的狗;西晋人陆机的狗叫"黄耳";《南史》中提到梁朝大臣张彪有一条名叫"黄苍"的狗,直到张彪逃难时还不离左右。

清代褚人获《坚瓠余集》中提到清代有个曾任山西省提刑按察使的赵泽民养过一条叫"桃花"的黄色猎犬,善解人意,能在客人光临时自行去外面寻获猎物回来飨客。

○唐·周昉
《簪花仕女图》

清末民初的名人、中过状元的张謇养的四条狗都有名字,不过状元公给狗起的名字实在不怎么样——两条黑狗分别叫小黑、老黑,两条黄狗则分别叫老黄、大狮子。

末代皇帝溥仪逊位后住在故宫穷极无聊,养了一百多条狗,这些狗都有名字,但名字同样平平无奇,如"紫球""蝴蝶""小闹""三儿"等,稍特别的则是分别叫"佛格"和"台格"的两条德国黑贝。据记载这些狗都挂着写有名字的小牌,这或许是因狗的数量太多,怕逊帝无法辨识吧?

给"猫"起名太非主流

家猫在中国是引进品种,其地位又比狗更等而下之。清咸丰二年(1852年)黄汉《猫苑》中记载称,初唐人张博(大文学家骆宾王的舅舅)养了七只猫,"皆有命名",分别叫东守、白凤、紫英、怯愤、锦带、云团、万贯。

○五代南唐·周文矩
《仕女图》

此外五代诗僧贯休有一只名叫"焚虎"的猫,北宋末年装神弄鬼、导致首都汴梁失守的道士林灵素有名叫"金吼鲸"的猫,明代皇宫有猫叫"霜眉",清初吴三桂的孙子、当过几年"大周皇帝"的吴世璠,据说有名叫"锦衣娘""银睡姑""啸碧烟"的猫……

○北宋·易元吉
《猫猴图》

但这些记载几乎都出自《猫苑》，哪些是真的，哪些不过是黄汉杜撰的，实在也无法辨别。即便都是真的，从黄汉对张博居然给七只猫"皆有命名"发出一声惊呼看，给猫起名字还是一种足以让人大惊小怪的特别行为。

不难看出，中国古人喜欢给宠物归类而不喜欢命名，即使命名也绝不会像人类的名字，这和西方的习惯迥异，究其原因，或许是许多西方人习惯将宠物视作"家庭中的特殊成员"，而中国古人则普遍将它们看作"稍稍特殊些的家畜"吧。

中国文化中，有什么"傲娇"的自称？

文 | 张彰

历来自称"某家"都是标榜身份的一种方式。

陈翠珠在《汉语人称代词考论》中指出，语言运用中存在称谓词向人称代词的转化，比如"奴"最早是对婢女的称谓，后来转化成了女性的第一人称代词。也因此，转化来的人称代词往往带有谦敬义或倨傲义，例如刘邦常用的"尔公"（你爸爸我）。今天我们就来"扒一扒"各种"傲娇"的自称吧。

尔公、乃公：最早的"我是你爸爸"

刘邦同志是我国历史上少有的特别会说话的皇帝。

自古以来，皇帝多自称"孤家"，藩王自称"某家"，青年女子自称"奴家"或"儿家"、皇室女子自称"哀家"……刘邦偏不，《汉书·张良传》里就写，汉建国第十一年，黥布造反，刘邦本来想派太子出兵讨伐，想想不对，说："竖子出兵不够格啊，还是你爸爸我亲自去一趟吧。"（汉十一年，黥布反，上疾，欲使太子往击之……上曰"吾惟之，竖子固不足遣，乃公自行耳"）

《史记·留侯世家》还写到，有一次刘邦着急到饭都吐了，破口大骂郦生："竖儒，差点坏了你爸爸我的好事〔竖儒，几败而（尔）公事〕。"骂完郦生又骂陆贾："你爸爸我是马上得的天下,读《诗经》《尚书》有什么用!"不学习到这个理直气壮的地步,真是少有。

洒家:关西粗人自称,与出家人无关

"洒家"这个自称因为"花和尚"鲁智深而名垂千古。但事实上,"洒家"和出家人一点关系都没有。《水浒传》第二回,史进初遇鲁提辖,鲁智深就自我介绍:"洒家是经略府提辖,姓鲁,讳个达字。"那时他还没出家。

关于"洒家"并非"出家人的自称"这件事,《水浒传》里还有一处明证。

第五十九回,鲁智深假扮平民,要去营救史进,来到州衙前,被贺太守赚入府里捉住。鲁智深道:"洒家又不曾杀你,你如何拿住洒家,妄指平人?"太守喝骂:"几曾见出家人自称洒家?这秃驴必是个关西五路打家劫舍的强贼,来与史进那厮报仇。"

这个段落明确告诉我们,"洒家"这个词是关西地区的粗人使用的,不然太守怎么一听"洒家"就想到"关西五路打家劫舍的强贼"呢?

鲁智深是甘肃平凉(渭州)人,正宗关西人,所以自称"洒家"很正常。

哀家：并非"寡妇"才能说

"哀家"这个词很常见。有人误解说"哀家"只能是丈夫去世后太后、皇后的自称，也就是传说中的"未亡人"。

其实不然。清朝李雨堂的"演义三部曲"（《万花楼》《五虎平西》《五虎平南》）里，还未婚配的单单国八宝公主天天管自己叫"哀家"，比如《五虎平西》第十四回："且说公主回到宫中，坐下想道：'想哀家二九之年，姻缘注就，犹恐配着本国之人，不称哀家之意。'"

宣统年间华琴珊写的《续镜花缘》也有好几处公主自称"哀家"的，所以并不能说这个词只有未亡人才能用。

咱家：山西兵痞自称、并非太监专属

由于清宫戏的热播，"咱家"这个词在大家的印象中成了太监的专用自称，其实也不对。最早"咱"是宋朝山西兵痞的自称，用来称呼我部兵马，是军内这种强调认同感的组织的一大特色。但到了明朝，这个用法流传开来，安徽地区也是这么用的，发音类似"杂"。后来徽班进京，这个用法又被搬上了京剧舞台，渐渐流传开来。因为这种用法非常"爷们儿"，所以明朝的太监非常喜欢用。

而这种说法早在宋朝就有，比如龙潜庵先生的《宋元语言词典》里就收录了这一词条，还举了《董西厢》的例子。这个用法"谦中带傲"，也属于倨傲型自称的一种，所以小说里人物要表现硬气时总是要用到它，和太监实在没什么关系。

最"中二"的自称：我家、某家和尊家

除了这三种自称之外，"我家"和"某家"也是大有来头。

宋代钱愐在《钱氏私志》里写："燕北风俗，不问士庶，皆自称小人……对中人以上，即称小人，中人以下，则称我家。"

这个用法专门用来对付身份不如自己的人，也很"傲娇"。

比"我家"语气稍弱的，是"某家"。

"某"的用法出现极早，周代《尚书·金滕》中就有："若尔三王，是有丕子之责于天，以旦代某之身。"再加上用"某"有为尊者讳的意味。更重要的是，在古代小说里，这个自称通常是仙妖侠客一类有异术的角色常用的，比如唐代《霍小玉传》里"某之敝居，去此不远，亦有声乐，足以娱情"。再比如清代《三侠剑》里"某家乃旱八寨三寨主柳士永，人称花枪将是也"。

所以大庭广众之下，自称"某家"，比较有历史感。而且这个词还特别推荐与另一个对称代词合用，就是"尊家"。

"尊家"是清朝特有的尊称代词，用例很少。《济公全传》中有几个例子：

"贫道我可是直言无隐，尊家可别恼。"

"尊家的相貌，贫道也就不能往下再说了。"

"尊家"与"尊"的区别在于后者语气诚恳,前者则有点阴阳怪气,明褒实贬,和"某家"这种表面谦虚,其实骨子里一副"就你也配知道我的名字"的感觉非常契合。

这些不同的称呼,都有其历史发展,细究起来,也是很有趣。

孟姜女竟然不姓孟，那她到底姓什么？

文 | 陶短房

1996年大陆曾上映过一部当时很走俏的连续剧《孟姜女》，片子里扮演主角的都是红极一时的偶像名人。

剧中，孟姜女的老爹出场频率很高，被称作"孟老汉"。很显然，大家都认定孟姜女的爹姓孟，孟姜女自然也姓孟。但是，孟姜女这个名字到底是怎么来的呢？

难道不是姓"孟"叫"姜女"吗？

"孟姜女姓孟"这个人们心目中的"标准答案"似乎依旧根深蒂固。2016年杀青的电视连续剧《孟姜女传奇》，说孟姜女是孟章和姜中在路上捡到的弃婴，她原本姓什么叫什么不得而知，反正从剧情安排来看，也和20年前一样姓"孟"叫"姜女"了。

然而这实在是彻头彻尾的误读，甚至可以说，是闹了个不小的理解笑话。

孟姜女历史上实有其人，但不叫"孟姜女"，而是叫"孟姜"。在古籍记载中，"孟姜女哭长城"的故事是后人附会的，之所以不偏不倚正附会到孟姜头上，是因为她的出名正在于一个"哭"字。

历史上的孟姜女并非秦始皇时代的人，而是比这更早三百多年、春秋后期的齐国人，她的丈夫是齐国的一名中级军官杞梁。《礼记·檀弓上》中记载，杞梁和同事华周率领一支偏师偷袭莒国，因对方早有准备，两人虽顽强战斗、屡屡获胜，最终还是不幸战死。

○杞梁与杞梁妻

战争结束后两人遗体归葬本国，杞梁的妻子在路边对着丈夫灵柩大哭不止，令路人无不感动，齐庄公派使者慰问，杞梁妻子说"有先人之蔽庐在，君无所辱命"（寒舍虽然鄙陋，但路边并非吊唁的合适场所），令齐庄公肃然起敬。

孟子在齐国居住多年，在《告子下》中说"华周、杞梁之妻善哭其夫而变国俗"，意思是说杞梁（还有华周）的妻子一哭成名，以至于齐国吊丧的风俗都为之改变。

孟姜女哭的不是长城，而是"城"

西汉末年刘向《列女传》中对杞梁妻的故事加以渲染，说她连哭十天"而城为之崩"，这里哭的显然还不是秦始皇修的长城，而只是"城"（晋朝崔豹《古今注》中说是杞城）。

哭倒长城的到底是谁?

秦长城和杞梁妻的"哭"相联系,则要再往后推近千年。五代十国的诗人贯休写过一首古风《杞梁妻》:"秦人筑土一万里,杞梁贞妇啼呜呜。"杞梁不但晚生晚死了至少三百二十多年,身份也从齐国将领变成了秦朝民夫,他妻子哭倒的"城",也就这么变成了秦长城。

不论最早记载此事的《左传》,还是第一个和秦朝"拉上关系"的贯休,都对"杞梁妻"究竟姓什么叫什么只字未提,最早提到"孟姜",是在北宋人孙奭为《告子下》所作的注疏中:"或云……(杞梁)妻孟姜向城而哭,城为之崩。"

"姜"是齐国的国姓,姓姜没毛病

不管这个记载是否可靠,"孟姜"或"孟姜女"的名号,正是从这里叫开的。那么又回到开始的问题——"孟姜"或"孟姜女"姓不姓孟?

当然不姓"孟"。

不知大家是否注意到,孟姜女故事的原型出自春秋齐国,当时的齐国国君是姜太公吕望后裔,姜太公姓姜,因为祖上曾封在吕(今山西霍州境内),因此又以吕为氏,"姜"是齐国的国姓。"孟姜"中的"姜",正是杞梁妻的姓氏,也就是说,她是齐国公族的女孩子。

那么"孟"又代表什么呢?

先秦时的兄弟姐妹排行,老大、老二、老三分别叫作伯、仲、叔,最小的孩子不论排行第几,都叫作"季"。如果在兄弟姐妹中排行最长,却并非嫡妻所生,而是妾或者媵(陪嫁)所生,就叫作"孟",因此"孟姜"其实指的是"姜家庶出的大姐"。

先秦已婚女子的名字称呼有非常特别之处,一般把娘家姓氏放在第二个字,第一个字则采用某个区别于同族同姓氏已婚女性的字,可以是丈夫的谥号,可以是本人的某种特质。用女子在娘家的姊妹排行,是较为常见的。

用"孟"做称呼第一个字的女性也并不罕见。比如伍子胥故事的导火索式人物、原本应该嫁给楚平王的太子芈建,却被楚平王自己偷娶并生下后来楚昭王的秦国宗女,就被称作"孟嬴"。

作为齐国公族,姜姓在春秋时可谓枝繁叶茂,用姊妹排行作为称呼第一个字者是极多的。

读到这里是不是已经有点明白了?"孟姜女"姓姜,是某个齐国公族中庶生的长女,不管其原型杞梁妻是否真叫"孟姜",即便是后人的"杜撰",这位不知名的杜撰者历史学功底还是相当考究的,知道给一个齐国女性起如此符合身份的称谓。

孟姜女题材的作品中,她的父母或不出场,或只是个无足轻重的龙套,因此她究竟姓什么语焉不详。后来故事越编越复杂,"孟姜女爹"的戏份不断添油加醋,编导又不知道先秦女性的称谓规矩，于是原本姓"姜"的孟姜女，也莫名其妙随爹姓了"孟"。

孟姜女的名字究竟叫什么？

既然"孟"是排行，"姜"是姓，"女"是后人加的衍生字，那么孟姜女的名字究竟叫什么？已无可考。先秦虽不像宋代以后那样保守，但女性，尤其已婚女性的名字还是很少被公开提及，如今我们能知道全名的古代女性，大多在少女时代就已成名。

还应指出的是，"文芈""孟姜"这类对女性的称呼，一般是他人指称女性，有些甚至是女性丈夫或本人死后才有的敬称，像伯嬴、孟姜这样的先秦女子在待字闺中时动辄对人大呼"我孟姜"如何如何，是很不严肃的。